Nos bastidores
da sala de aula

Nos bastidores da sala de aula

Carlos Roberto Bacila

Av. Vicente Machado, 317 . 14º andar
Centro . Cep 80420-010 . Curitiba . PR . Brasil
Fone: (41) 2103-7306
www.editoraintersaberes.com.br
editora@editoraintersaberes.com.br

Conselho editorial | Dr. Ivo José Both (presidente) |
Drª. Elena Godoy | Dr. Nelson Luís Dias | Dr. Ulf Gregor Baranow
Editor-chefe | Lindsay Azambuja
Editor-assistente | Ariadne Nunes Wenger
Capa | Roberto Querido
Projeto gráfico | Sílvio Gabriel Spannenberg
Ilustrações | Mariana T. Vilas Boas

Dados Internacionais de Catalogação na Publicação (CIP)
(Câmara Brasileira do Livro, SP, Brasil)

Bacila, Carlos Roberto
   Nos bastidores da sala de aula/Carlos Roberto Bacila. Curitiba:
Editora InterSaberes, 2014.

   Bibliografia.
   ISBN 978-85-8212-996-8

   1. Pedagogia 2. Professores e alunos 3. Sala de aula – Direção
I. Título.

14-03552   CDD-371.102

Índice para catálogo sistemático:
1. Sala de aula: Pedagogia: Educação 371.102

Foi feito o depósito legal.
1ª edição, 2014.

Informamos que é de inteira responsabilidade do autor
a emissão de conceitos.
Nenhuma parte desta publicação poderá ser reproduzida
por qualquer meio ou forma sem a prévia autorização da
Editora InterSaberes.
A violação dos direitos autorais é crime estabelecido na Lei
n. 9.610/1998 e punido pelo art. 184 do Código Penal.

Sumário

Apresentação | 7

Primeira aula
Pintando o ursinho carinhoso | 11

Segunda aula
Diálogo com a pedagogia | 19

Terceira aula
Estudando inglês | 27

Quarta aula
Entrando na sala | 33

Quinta aula
Arrastado pelo corredor | 41

Sexta aula
Domínio da aula | 47

Sétima aula
A magia dos livros | 53

Oitava aula
Fazendo a diferença | 61

Nona aula
Tentando escrever de novo | 69

Décima aula
Obtendo reconhecimento | 77

Décima primeira aula
Rompendo a barreira do som | 83

Décima segunda aula
Simplificando ainda mais | 93

Décima terceira aula
Fazendo concurso público | 103

Décima quarta aula
Ensinando com responsabilidade | 113

Décima quinta aula
Uma aula com entusiasmo | 121

Décima sexta aula
Estudando um caso brasileiro | 131

DÉCIMA SÉTIMA AULA
É preciso buscar verdades novas | 145

DÉCIMA OITAVA AULA
Com coragem para inovar | 155

DÉCIMA NONA AULA
Uma lição de elegância | 163

VIGÉSIMA AULA
A magia da leitura | 171

VIGÉSIMA PRIMEIRA AULA
O exercício da imaginação | 177

VIGÉSIMA SEGUNDA AULA
Método de estudo | 185

VIGÉSIMA TERCEIRA AULA
A sala de aula é um espaço aberto | 197

VIGÉSIMA QUARTA AULA
Estimulando os cinco sentidos | 205

VIGÉSIMA QUINTA AULA
Deixando fluir a intuição | 213

VIGÉSIMA SEXTA AULA
A primeira universidade do Brasil | 223

VIGÉSIMA SÉTIMA AULA
Como se faz uma tese? | 233

VIGÉSIMA OITAVA AULA
Os três encantadores | 245

VIGÉSIMA NONA AULA
Aprendendo a ser ainda mais persistente | 259

Aula final | 269

Referências | 275

APÊNDICE
Marco teórico | 279

ANEXO
Sobre os bastidores | 291

Sobre o autor | 295

Apresentação

Querido leitor,

Quando eu era criança, sentava-me no banco escolar e ficava ansioso aguardando a Professora Francine chegar. Tudo para mim era novidade, mistério e suspense. Enquanto a professora ministrava suas aulas, estabeleci um ponto de referência: a visão de aluno sobre a conduta da professora. Outros professores foram sucedendo a Professora Francine e eu os observava muito – a maneira com que falavam, o jeito que tratavam cada problema na sala, a entonação de voz, os recursos didáticos, os fatores motivacionais, as emoções não escondidas... Enfim, passei por todas as etapas acadêmicas, da pré-escola ao doutorado, e sempre pensei como seriam as aulas se algo diferente fosse acrescentado no ensino.

Por outro lado, um pensamento me acompanhava: Será que um dia eu esqueceria que tinha sido aluno e deixaria de ser eu mesmo para fazer tudo o que os adultos faziam e que muitas vezes eu achava que poderia ser diferente? Sabemos dos altos e baixos por que passamos todos os dias na sala de aula, não é mesmo? As alegrias e as decepções fazem parte de nosso cotidiano.

Visitar os bastidores da sala de aula é uma aventura e tanto para aqueles que pretendem verdadeiramente saber o que se passa no preparo das aulas, por detrás do quadro-negro, na cabeça do professor e do aluno. É uma viagem no interior do que está oculto nas meras aparências colegiais.

Procurei relembrar aulas que me marcaram muito desde a infância, tanto sob o aspecto negativo quanto sob o positivo. Analisando bem, mesmo os erros cometidos tanto por professores quanto por alunos, se bem aproveitados e revisitados, podem transformar-se em poderosas lições. Um dia, tornei-me professor e precisei enfrentar todos os desafios que imaginei vencer quando eu era aluno. Por isso, retomo aulas por mim ministradas mergulhando no universo íntimo vivenciado pelo professor.

Os capítulos desta obra estão organizados em pares, de modo que, sucessivamente, um se refere a uma aula a que assisti e o seguinte, a uma aula por mim ministrada. Com esse modo de organização, o objetivo é mostrar tanto o lado do aluno quanto o prisma do professor. Aluno/professor é uma dicotomia que se completa: ora aprendemos, ora ensinamos, ora fazemos as duas coisas ao mesmo tempo.

Em um capítulo, o aluno tem uma vontade de ser algo que ainda não é. No capítulo seguinte, o professor tem a vontade pragmática no sentido de transformar ideias em ação. Saltando do aluno para o professor, desenvolve-se o poder de ver o outro – a alteridade –, que move montanhas nos negócios, na política e na sedução, mas também é decisivo no magistério e no aprendizado; um capítulo professor, outro aluno.

Dessa maneira, analiso, em minha condição de aluno, meus pensamentos, inseguranças, erros e virtudes. Também revelo o que se passa na cabeça do professor desde o teste para o magistério, o preparo das aulas, o aprofundamento dos temas, a interação com os alunos, as alegrias e as tristezas, os erros e os acertos, enfim, as emoções que envolvem a sala de aula e o que não aparece aos olhos dos alunos. Acima de tudo, preparar uma aula deve levar em conta não somente as características do professor, mas principalmente a história e os anseios do público ao qual ela se dirige.

Pedi que minha amiga Ana Cecília, ex-aluna e, atualmente, brilhante escritora e professora que muito me ensina, lesse este livro antes que eu o publicasse. Ana me fez uma pergunta genial: "O que você pretende com esta obra?". Se eu pudesse resumir em uma palavra, ela seria *ação*: trazer resultados práticos e progresso em cada aula e transformar sonhos de alunos e professores em realidade. Muita ambição? Acredito que não. Esse método funcionou plenamente para vendedores, oradores, empresários, cientistas e escritores, por que não tentá-lo com professores?

No final deste escrito, o leitor encontrará um apêndice no qual detalho a influência metodológica e filosófica que recebi – basicamente a filosofia do pragmatismo de William James, sob a ótica de Dale Carnegie, este que, além de revolucionar a oratória mundial, fez ciência com a linguagem, transformando tímidos candidatos a emprego em confiantes oradores, profissionais e conquistadores de amigos e amores.

O foco não é a teoria, e sim a prática e a funcionalidade voltada para o magistério, meu laboratório há mais de 20 anos. Contudo, além do método pragmático, há algo de imponderável.

No ensino, não é suficiente ter somente conhecimento, é essencial ter alma. Ter alma permite encontrar o algo a mais na sala de aula, fazer uma aula diferente do convencional, trazer temas novos e criações próprias. Ter alma pode ser aprendido como aprendemos tudo na vida. Quem ainda não encontrou sua alma pode encontrá-la se assim o quiser. Denomino de *alma* a entrega para ministrar aulas com intensidade e paixão.

Este livro foi feito para você que em muitas passagens sentirá suas próprias experiências sendo passadas e repassadas pelo olhar do colega amigo.

Espero, sinceramente, que seus alunos comentem o progresso obtido com a autorreflexão e a metodologia ensinada por mestres como Epicuro, Zenão, Sócrates, Buda, Schopenhauer, James e Carnegie.

Também sigo no magistério e gostaria muito de receber sugestões que possibilitem a melhora deste livro e o aprimoramento comum.

Os fatos citados são histórias reais, mas os nomes são completamente fictícios. Apesar de muitas vezes eu criticar a abordagem ou a metodologia dos meus adoráveis mestres, tenho por eles grande estima por terem se esforçado para fazerem o melhor possível em tempos pretéritos. Criticar sua abordagem de ensino não quer dizer que eu não lhes tenha grande respeito e muita saudade e vontade de revê-los. Lembro-me dos meus professores com muito carinho. Estou me referindo a uma ótica do ensino, e não a um conceito do caráter ou da vida de pessoas que se dedicaram ao meu aprimoramento com as ferramentas de que dispunham na época. A questão agora é apresentar um novo enfoque. Se eu voltasse a ser criança, também mudaria toda a minha maneira de estudar e ser. Há nobreza em corrigir os erros, aprender e evoluir.

Agora, vamos às aulas, ora como aluno, ora como professor, com coragem para progredir, ainda que seja 5% a cada lição. Afinal, a cada dia podemos melhorar um pouco mais, conhecendo... os bastidores da sala de aula.

Um afetuoso abraço do colega Carlos Roberto Bacila.

Primeira aula
Pintando o ursinho carinhoso

Empregando o interesse

À noite, na fazenda, a família se reunia para ouvir as músicas tocadas no acordeão por meu tio Álvaro. Ele tinha um dom artístico e emocionava a todos com seu talento, pois, apesar de ter assistido a aulas de piano clássico, tocava um repertório animado de música popular de bom gosto. Ficávamos na calçada em frente ao casarão, que era muito grande, com paredes enormes, de um metro de largura, construídas por escravos. Ali também estava Ricardo, o empregado mais antigo e de confiança de todos. Seus avós haviam sido escravos de fazenda de engenho.

As conversas giravam em torno da plantação de trigo, do gado, dos cavalos, das caçadas de perdizes e jacus. A tradição da família era de caçadores conscientes de que as caçadas tinham que ser dignas e respeitar as regras da natureza, preservando sempre as espécies dos bichos caçados. Só se atirava em uma ave que estivesse voando ou fora da época de procriação. Pelo menos esta foi a tradição até que a caçada fosse completamente proibida. A música fluía e contagiava a todos. Nós, as crianças, praticamente todos primos, esperávamos ansiosos o dia seguinte, que ocultava todas as surpresas que estavam por vir.

Amanheceu e fui para o galpão acompanhar a ordenha das vacas. Depois que Ricardo terminou de soltar o último terneiro, selou o cavalo Cane para que eu pudesse cavalgar. Sempre adorei brincar com meus primos, que eram fantásticos. Mas o meu momento com os cavalos era algo divino, como se nossos ancestrais mais antigos, que deixaram de ver esses animais como presas e passaram a tomá-los como aliados para caçar, guerrear e conquistar o mundo, estivessem me sussurrando algo que eu não compreendia o que era.

Cane era um cavalo marrom com crina preta e uma característica que aprendi a identificar nos cavalos para montar com segurança: a tranquilidade. Em certo momento, avistei uma ave em cima da cerca. Eu sabia que não deveria fazer aquilo, mas desci de Cane e puxei uma espingarda de pressão que tinha na cartucheira. Apontei para a ave e disparei. Era a primeira vez que eu atirava em um ser vivo. O problema é que eu não sei se pretendia acertar o tiro. Para o meu drama, acertei.

O pássaro caiu morto, instantaneamente. Mas a minha reação me surpreendeu. Tive uma sensação que eu não esperava. Pensava que, se eu abatesse uma ave, seria um herói, mas sabia também que eu não estava autorizado a fazer isso, porque a regra era não atirar em aves em circunstâncias que não fossem uma caçada organizada, consciente e sustentável. O arrependimento chegou de repente e, sem esperar, comecei a chorar. Corri até a ave e pensei: "O que foi que eu fiz?". Tentei ressuscitá-la. Para o meu terror, era tarde demais. Esse era um fato inédito para mim, a sensação também. Afinal, eu tinha seis anos de idade.

Muitos bichos da região me eram familiares: tatus, cotias, sabiás, corujas, jacus, codornas, perdizes, pombas, gaviões, cobras, vacas, cavalos... Havia também os cachorros – nossa cachorra mestiça Baby, o boxer Kojak, o pastor Sultão, o perdigueiro Tupi e tantos outros animaizinhos. A lenda ficava por conta da onça que rondava as caminhadas dos adultos.

Oitenta quilômetros rodados e estávamos de volta à cidade, capital do Estado do Paraná. A dinâmica era outra, mas aprendi desde cedo a lidar com mudanças rápidas – fins de semana no mato; durante a semana na capital. Meus pais também lidavam com os dois extremos, pois meu pai era um empresário da capital que investia dinheiro nas plantações de trigo e soja na fazenda que ele e seus irmãos tinham herdado de meus avós paternos. Minha mãe nascera no interior e depois de adulta passara a viver em Curitiba. Na cidade, vivíamos numa época em que as crianças brincavam nas ruas sem grandes riscos. Por serem as ruas locais públicos, fazia-se amizade com crianças de várias condições sociais, econômicas e religiosas ou provenientes de outros lugares. Um dos meus grandes amigos era o Elias, uma criança bastante pobre. Mas na época ninguém ligava para essas coisas. Quase todos os dias íamos caçar grilos, jogar futebol ou andar de bicicleta com a turma da rua. As aventuras eram inesgotáveis.

Como disse, eu era uma criança de seis anos, mas já tinha uma boa experiência na minha área de atuação: as brincadeiras. Tanto na fazenda quanto na rua da cidade onde vivíamos, as atividades eram muito intensas e integradas à natureza. Não havia espaço para brincadeiras sem sal ou muito inferiores ao nosso potencial. Eu me interessava também por futebol, mas, acima de tudo, eu amava filmes de *Far West*, ou de bangue-bangue, como eram conhecidos os clássicos que retratavam a época duríssima de colonização do Oeste dos Estados Unidos, no século XIX.

Também me interessava por música. Lembro-me bem de que certa vez assisti a uma entrevista com Jimi Hendrix na televisão. Eu não sabia que ele era o maior guitarrista do mundo, mas fiquei impressionado quando ele pegou o violão e tocou um *blues*. Eu também não sabia que aquela música era *blues*. Muita gente não sabe até hoje que ele tocou as músicas mais suaves e delirantes que se pode ter ouvido.

Como o caríssimo leitor pode observar, muitas coisas poderiam me interessar na minha primeira aula da educação infantil. Eu não entendia ainda a importância do estudo. Não sabia realmente por que eu tinha de ficar estudando naquele colégio que seria o responsável pelos meus próximos oito anos de ensino.

Portanto, para que eu fosse conquistado pela professora, bastaria que eu visse no que ela iria ensinar alguma utilidade para as coisas de que eu gostava bastante. Por exemplo, muito me interessaria saber algo a mais sobre as plantas e os animais nativos. Também poderia ser informado de que o estudo pode facilitar todas as atividades físicas e os esportes. Poderia ter aprendido xadrez, minha futura paixão da adolescência. E, sem dúvida, o que é mais importante: se eu soubesse que, ao aprender a ler, eu teria acesso à verdadeira história da terra dos pistoleiros, onde viveram Doc Holliday e Wyatt Earp, quanta coisa faria sentido!

Eis que chegou o primeiro dia de aula. Tudo era expectativa. O medo se misturava com a ansiedade. Todos nós estávamos devidamente uniformizados. A tia Francine entrou na sala de aula e, soberba, falou:

— Hoje eu vou ensinar vocês a pintar o ursinho carinhoso.

Pensei: "Ursinho? Mas eu nunca vi esse bicho na fazenda do pai. E o urso é carinhoso? Não sei".

O fato de eu ser criança não quer dizer que eu não tivesse interesses próprios que poderiam ser explorados para o aprendizado. A criança não tem de ser adestrada, mas persuadida. Ela se encanta facilmente quando se sabe dialogar com os seus interesses.

Ao longo deste livro, veremos estratégias de diálogo que funcionam bem com adultos e também podem ser trabalhadas com crianças.

Aqui a estratégia é não tratar a criança como um ser inferior – nunca! –, mas como um ser que precisa de exercícios e esclarecimentos que podem ser ligados aos seus interesses.

Para tanto, é preciso perceber a criança. Por mais que você goste de uma torta de maçã, se quiser fisgar um peixe, não adianta oferecer-lhe a sua guloseima preferida – é melhor iscar minhocas. Óbvio, não? Mas não é isso o que tem acontecido nas salas de aula!

Ao longo deste livro, estudaremos essas e outras técnicas para podermos desenvolver uma aula que obtenha resultados efetivos.

O importante nesta aula é perceber que o principal era que a professora tivesse procurado despertar o interesse do Beto (meu apelido quando criança) pela pintura partindo da conexão com um interesse que ele já demonstrava ter: sua cachorra Baby.

E como podemos despertar o interesse de crianças tão jovens? Perguntando a elas sobre o que elas gostam de fazer, observando-as, aprendendo a ouvi-las. Após descobrirmos seus interesses, temos todas as condições de saber como conversar com as crianças. Mas que tal seria pedir a elas que pintassem um bicho de que gostam muito? Um cãozinho, um peixe, um pássaro... Com isso, cria-se um quadro mental, exercita-se a imaginação. Pintar a Baby, minha cachorra favorita e amiga, seria muito mais prazeroso e eu usaria a imaginação.

Mas e se você precisar ensinar a criança a pintar exatamente um ursinho? Veremos como fazê-lo nos próximos capítulos.

Com certeza, eu não sabia pintar. Mas isso eu não sei até hoje. Quando digo para as pessoas que eu pinto tão bem nos dias atuais quanto na época da infância, acham que estou brincando, mas não estou. Enquanto os coleguinhas pintavam o ursinho com um lápis de cor, inovei um pouco e fiz riscos no centro do urso com várias cores. Logo no início fiquei entediado. Mas eu tinha algo interessante no bolso. Um pequeno canivete que eu trouxera da fazenda. A carteira era coberta por uma chapa laminada de madeira. Comecei a cortar a chapa no sentido horizontal. Quando a aula acabou, eu havia separado a chapa toda da carteira e entreguei-a para a professora.

Na visão dos adultos, eu havia falhado. Se os adultos, com toda a sua autoridade, demonstraram a minha falha, provavelmente eles tinham razão. Ou será que não?

Sintetizando

Para atingir o objetivo da aula, utilize um interesse do aluno.

Em ação

Em sua próxima aula, descubra o interesse de uma aluna e de um aluno. Depois, faça a conexão desse aspecto com a disciplina para explicar-lhes o tema a ser trabalhado. Observe o resultado.

Não deixe de ler!

BACILA, C. R. **A vida de Dale Carnegie e sua filosofia de sucesso**. Curitiba: Belton, 2012.

O livro trata da vida e das ideias de um dos maiores inovadores na oratória, na neurolinguística e nas regras de comunicação. Filósofo e aplicador original do pragmatismo, Dale Carnegie propõe infinitas ferramentas para conquistar o ouvinte.

Segunda aula
Diálogo com a pedagogia

Afastando o estigma e descobrindo o interesse

Era 25 de junho de 2010. Rose estacionou o carro no horário marcado em frente ao apartamento em que eu morava, próximo à Arena da Baixada, para que em seguida nos dirigíssemos ao local do curso que eu iria ministrar. Entrei no carro enquanto a cumprimentava, percebendo que ela estava apreensiva. Logo entendi o motivo de sua preocupação. Segundo ela, os acadêmicos estavam desafiadores nas aulas anteriores a minha.

O curso era direcionado a pedagogos, assistentes sociais e psicólogos – participantes que também tinham uma vivência diária marcante com a dura realidade do atendimento à população pobre que tem apenas um recurso para pedir socorro: o Poder Público.

Lidavam os meus futuros alunos, nos casos mais graves, com crianças que sofriam abusos físicos ou morais ou então cujos pais eram omissos quanto aos cuidados básicos. E as crianças precisavam muito de ajuda, assim como os educadores que estavam participando do curso.

Quando entrei na sala, logo percebi o clima de desafio. Assim que comecei a falar, um psicólogo, que chamaremos de Remo, interrompeu-me:

— Você acha certo que a prefeitura interfira na vida de uma mãe que vive na rua e não quer matricular os seus filhos na escola? Obrigar a filha a estudar não fere a autonomia da vontade da mãe?

— As pessoas adultas têm o direito de decidir se querem estudar ou não, se querem trabalhar ou não e se querem viver em um abrigo ou nas ruas — respondi. — Mas a criança tem de receber educação, ainda que contra a vontade de seus pais. Além de ser uma regra constitucional, é, acima de tudo, um direito humano ter acesso ao conhecimento básico. Quando se tornar adulta, a criança que teve educação poderá decidir o seu destino com a verdadeira liberdade.

Ainda em tom de desafio, logo em seguida, surgiu outra indagação:

— Por que as crianças da periferia são tão bagunceiras e problemáticas?

— As crianças pobres ou que vivem nas ruas têm comportamentos similares às crianças ricas, se estas estivessem nas mesmas condições. Contudo, há uma diferença: as crianças pobres são estigmatizadas como "crianças de rua". Quando aprontam alguma traquinagem são vistas pelas pessoas como "futuros delinquentes adultos". Enquanto isso, as crianças que vivem em lares estáveis, quando se comportam mal, são contempladas como hiperativas e, eventualmente, encaminhadas para acompanhamento de terapeutas pagos.

Outra pergunta, desta vez mais interessada na resposta, demonstrava o início de mudança de atitude da turma:

— Por que isso ocorre?

— Por causa do estigma. O estigma apresenta dois aspectos. O primeiro lado é objetivo: mulher, pobre, criança etc. O segundo aspecto é uma valoração negativa, que aplica regras práticas que eu denomino de *metarregras*. Assim, segundo o estigma:

1. "Se é mulher, não deve dirigir automóvel."
2. "Se é pobre, tende a furtar."
3. "Se é criança que vive na rua, tende a praticar infrações."

Na sequência, esbocei o seguinte esquema no quadro:

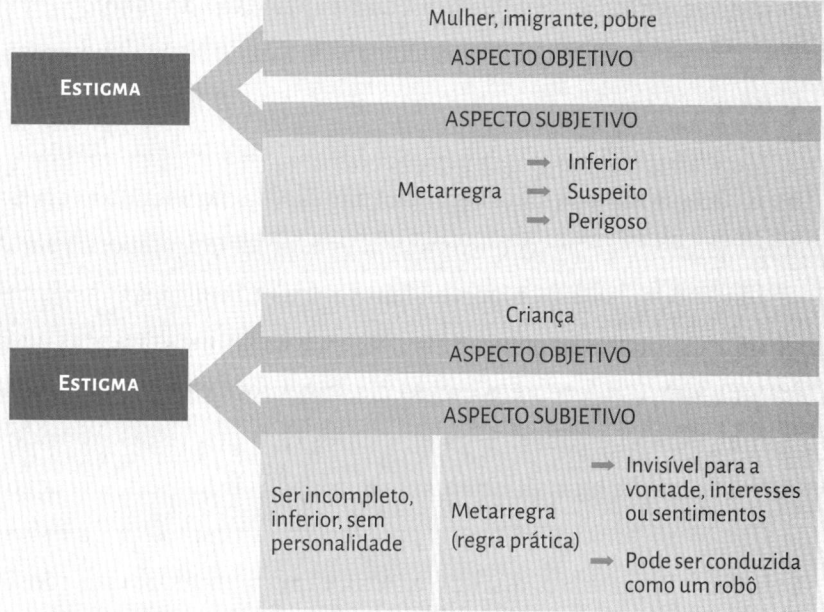

— Os estigmas constituem graves equívocos — continuei. — Logo, na educação da criança que foi abandonada, o educador deve ter o foco nos métodos educacionais para que ela recupere o interesse no aprendizado, sem ser influenciado pelo estigma. Se o educador acredita e faz a criança acreditar no estigma, pode ocorrer o que se chama de "profecia que se autocumpre", isto é, o adulto ou a criança representam um papel que lhes foi imposto como estigma. Assim, se dizem que a criança é "bagunceira", ela pode representar esse papel; se dizem que o adulto é "matador", ele pode aderir à profissão de homicida.

— É claro que, se os pais estão prejudicando a educação ou a saúde física e mental do aprendiz, isso deve ser resolvido pela administração — ponderei. — Se a criança se encontra abandonada, ela deve ser resgatada para a cidadania.

Percebi que o interesse no assunto já estava bastante intenso e agora as perguntas eram realmente pela ansiedade do saber:

— Por que os métodos convencionais de estudo têm falhado com essas crianças pobres?

— Os métodos convencionais têm falhado com todas as crianças. Todos vocês nesta sala são diferentes, não são? Estão usando as cores ou os modelos de roupas que gostam. Têm predileção especial para comida, moda, *hobbies*, esportes, leitura, trabalho etc. Mas a educação infantil é igual para todos. Então, temos algumas crianças que têm um tempo diferente para as coisas, conforme aconteceu com Thomas Edison e Albert Einstein. Esses dois cientistas, considerados gênios da humanidade, foram responsáveis pela invenção da lâmpada elétrica (Edison) e pela renovação completa da física (Einstein). Entretanto, quando ainda eram crianças, foram considerados pelos professores e colegas como pessoas lentas demais, incapazes de aprender conforme as outras crianças. Edison não conseguia aprender a ler com oito anos de idade, enquanto Einstein reprovou em Química e Biologia.

— Mas evidentemente eles não eram seres abaixo da média, só era necessário respeitar o **TEMPO** e o **INTERESSE** deles, sem querer estigmatizá-los — expliquei. — Sim, todos nós temos predileções, coisas que fluem perfeitamente bem para nós. Alguns chamam de *dom*. Alguns de nós gostam mais de pintar, outros preferem desenhar, cantar, praticar esportes etc. O mais importante de tudo: **NA EDUCAÇÃO INFANTIL E DEPOIS, NA EDUCAÇÃO FUNDAMENTAL, O PROFESSOR DEVE APROVEITAR O CONHECIMENTO QUE TEM DO DOM DE CADA UM PARA ESTABELECER CONEXÃO COM A MATÉRIA QUE PRECISA SER APRENDIDA!** Por exemplo: Cecília adora desenhar, mas não gosta de pintar. O professor pode mostrar que os desenhos dela ficarão muito mais interessantes e destacados se ela os pintar! O mundo muda com essa descoberta... Digo isso porque, conforme constatou Einstein, um corpo que se desloca no espaço desloca o próprio espaço. Tudo está correlacionado. Quando a criança descobre um mecanismo que torna acessível o seu dom, o mundo dela e o de todos nós se transformam.

— E por que é tão difícil descobrir o dom da criança?

— Porque as crianças, de maneira geral, são estigmatizadas. Elas não são tratadas como seres plenos, mas como seres inferiores que precisam ser sempre manipulados como um robô. Por serem diminuídas, elas se tornam quase invisíveis. Citarei alguns exemplos:

1. Se uma criança estigmatizada se encontra em apuros, os adultos tendem a ler essa situação de determinado modo, como se a culpa fosse dela e ela não precisasse de ajuda. Mas, se a criança for "normal", então o socorro é prestado imediatamente.
2. Quando a criança se expressa para os adultos – e ela faz isso o tempo todo –, eles têm dificuldade de ouvi-la, percebê-la e entender seus gostos sadios, suas vontades e seus dons.
3. Os professores com habitualidade não conseguem manter o foco na criança individualmente e desenvolver técnicas que promovam a educação, por não despertarem o interesse dela. Se isso ocorre na maioria das vezes, é porque a criança não é vista como um ser pleno. A criança é forçada em seu processo de educação. Contudo, ela tem uma história pessoal. Antes de ir para a escola, ela viveu experiências e teve sentimentos, traumas e paixões despertados. Tudo isso é ignorado no processo de educação. A educação tem sido padronizada, o que a tornou medíocre.

4. As autoridades públicas e a sociedade, em geral, têm enorme dificuldade de perceber a vitimização e a diferença entre a criança cair da escada e ser espancada. Basta irmos aos hospitais e verificaremos esse fato.
5. O interesse pode estar ligado com o dom e a habilidade, que têm de ser descobertos. Para descobrir os dons, deve-se afastar os estigmas.

Na primeira aula, vimos que o interesse pode ser empregado para o aprendizado. Entretanto, se o estudante não demonstra interesse, pode-se investigar o que pode instigá-lo e fazê-lo entusiasmar-se pelo conteúdo a ser ministrado.

Sintetizando

Para ministrar uma aula interessante, procure descobrir as predileções dos alunos, valorizá-las e fazer conexão entre elas e o tema da aula.

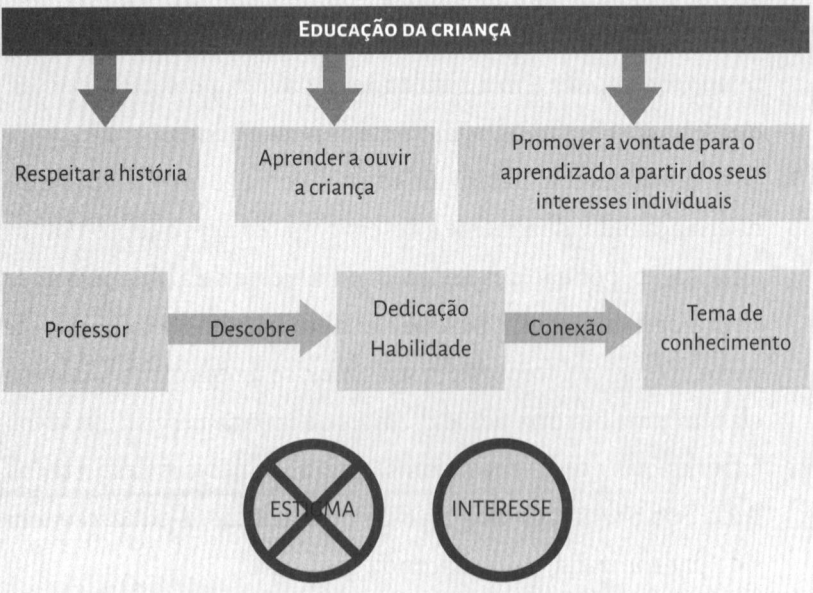

Em ação

Antes de sua próxima aula, responda às seguintes perguntas:
1. Quais são as coisas que podem interessar meus alunos em face de suas experiências pessoais, sua realidade e seus problemas?
2. Quais são seus sonhos?
3. Que objetivos podem ter em sua vida?
4. Quais são suas características pessoais?
5. Considerando o que sei sobre meus alunos, como farei a conexão entre esses dados e a aula?

Não deixe de ler!

BACILA, C. R. **Estigmas**: um estudo sobre os preconceitos. 2. ed. Rio de Janeiro: Lumen Júris, 2008.

Esse livro trata da história e dos mecanismos de criação, aplicação e negação dos estigmas. Trata-se da minha tese de doutoramento.

Terceira aula
Estudando inglês

Ainda o interesse: desenvolvendo a autoestima

Era a noite de janeiro de 1998, em Londres. Deitei a cabeça no travesseiro e comecei a lembrar o que ocorrera no almoço. Eu havia perguntado para o garçom que me servira o hambúrguer se ele tinha *catchup*. Ele achou engraçado o que eu falei e não parava mais de rir. Eu havia dito o seguinte:

— *Are you a ketchup, please?* (Você é um *catchup*, por favor?)

O certo seria: *"Could you give me ketchup, please?"* (Você poderia me dar o *catchup*, por favor?).

Desde o ensino médio, fazia mais de dez anos que eu não estudava inglês, e até então não havia experimentado conversar com alguém que só falasse a língua inglesa. Mas eu estava ali e precisava me virar. Apesar de tudo, apesar de eu ter cometido vários erros durante o dia, fiquei feliz. Afinal, eu estava me comunicando em inglês e isso era algo que eu nunca imaginara que pudesse fazer.

Na verdade, somente naquele momento percebi duas coisas importantíssimas.

Em primeiro lugar, descobri que eu havia subestimado minha capacidade. Agora, eu estava conseguindo me expressar com pessoas que não sabiam falar português. Visitava cafés, restaurantes, museus, livrarias e lojas e conseguia tudo o que eu precisava, falando o idioma local. Dessa vez, percebi com convicção que eu precisava continuar estudando.

Naquele dia, adquiri autoconfiança para usar outro idioma. Consegui sair da concha ou da garrafa e me libertar dos meus medos e da minha timidez. Não importava que eu cometesse erros, afinal, eu era estrangeiro e estava aprendendo.

As coisas estavam ficando mais claras. Eu tivera medo de não aprender e por isso não havia estudado mais – até havia abandonado o curso de inglês. Eu não sabia por que, mas passei a perceber que, no fundo, o que ocorrera até então era um descrédito em mim mesmo. Como que num salto, aquela experiência havia me mostrado que eu poderia ir além, desde que estudasse e experimentasse sem medo de errar. O medo sufoca a aprendizagem e, para vencê-lo, é preciso fazer as coisas sem temer!

Em segundo lugar, eu havia percebido a importância de estudar inglês. A viagem era de turismo, e eu estava conhecendo a Europa, graças às minhas amicíssimas Cecília e Drusila. Elas me convenceram de que a viagem seria boa e barata e que valeria a pena. Fomos numa excursão que partiu de um voo de Curitiba para Madri. A partir da Espanha, fizemos um *tour* por cidades europeias.

O motorista do ônibus e a guia, duas excelentes pessoas, falavam exclusivamente espanhol. A maneira como aprendi a me comunicar em espanhol foi muito engraçada. Durante minha juventude, havia participado de competições enxadrísticas. Os melhores livros de xadrez eram russos, e as traduções mais acessíveis estavam em língua espanhola. Logo, lia algumas palavras em espanhol e aos poucos fui conhecendo o vocabulário. Quando comecei a faculdade de Direito, encontrei ótimos livros em língua espanhola, então eu também os conseguia ler por estar mais familiarizado com o idioma.

Depois disso, surgiram duas viagens para a Argentina: uma para Posadas e outra para Buenos Aires. Eu falava uma palavra que lembrava ter lido em algum livro e o argentino me corrigia a pronúncia. Assim, aprendi a comunicar-me em espanhol.

A excursão tinha pessoas de toda a América Latina. Quando eu estava conversando com o motorista do ônibus, o Domingos, ele me pediu que eu fosse o tradutor do que ele e a guia falavam para o grupo de brasileiros, que era de aproximadamente 15 pessoas. Eu disse para ele com sinceridade:

— Domingos, nunca tive uma aula sequer de espanhol. Gostaria de poder falar corretamente... Não sei se me julgo capaz de fazer isso.

— Eu gostaria de falar a língua portuguesa do jeito que você fala espanhol — argumentou ele. — Os brasileiros não estão entendendo nada do que falamos para eles. Seria muito importante que você nos ajudasse.

Fiquei realmente surpreso quando virei o tradutor do ônibus. Vi a felicidade dos meus compatriotas quando lhes traduzia coisas simples (*sencillas*), mas que fizeram com que a viagem fosse bem mais agradável. Sinceramente, eu não acreditava que fosse capaz.

Quando chegamos à Itália, outra surpresa. Eu estava cursando italiano e também não me achava habilitado para conversar com romanos e florentinos. Daí o Remo, excursionista brasileiro, disse para mim:

— Carlos, como eu peço para o balconista esquentar este sanduíche para mim? Ele não entende os meus gestos!

Falei timidamente algo como:

— *Lei potrebbe riscaldare il pane per favore?*

O rapaz que nos atendia sorriu gentilmente e foi esquentar o pão. Correu a notícia de que eu falava italiano. Virei o tradutor oficial. Traduzia para os colegas brasileiros letras de músicas, orações impressas no interior das igrejas, diálogos no comércio e em museus. Achei muito oportuno o exercício porque a prova de idioma para o mestrado que se aproximava seria em italiano. Naquele ano, eu seria o único aprovado. Mas esta é outra história, pois a aprovação não se deveu ao meu italiano apurado, mas à exigência de raciocínio filosófico...

O ponto final desta viagem em que eu me encontrava era a cidade inglesa. Eu percebia nas ruas de Londres como era estimulante poder falar algumas frases com os habitantes locais, conhecer sua cultura, suas tradições e peculiaridades.

Além disso, eu estava decidido a ler muitos livros e a estudar matérias escritas no original em inglês. Descobri que havia livros sobre o *Far West* nesse idioma, que contavam histórias fascinantes sobre os *cowboys* de verdade.

Àquela altura, eu já adorava *rock*, *blues* e *jazz* e queria entender as letras de minhas músicas favoritas. Ah, se eu soubesse a quanta coisa poderia ter tido acesso se eu já dominasse o inglês... Como é incrível poder se comunicar com pessoas que fazem parte de culturas e mundos completamente diferentes. Quantas descobertas!

E quanto aos negócios! Quantas oportunidades nos podem surgir que nos permitirão conhecer outros mundos!

Quando voltei ao Brasil e encontrei com meu amigo de infância Cleobates, que trabalha na área de construção civil nos Estados Unidos, aconselhei-o:

— Você é uma pessoa honesta e trabalha muito bem, seus colegas de profissão gostam de você. Na minha opinião, você só está precisando de uma coisa: aprender inglês.

Então, Cleobates tentou explicar:

— Beto, trabalho o dia todo e chego em casa muito cansado. E eu consigo me virar bem no meu trabalho, a maioria dos colegas é brasileiro ou hispânico.

— Está bem, mas você poderia ter melhores oportunidades de emprego. Você já demonstra que é dedicado e correto. Basta agora que consiga se expressar bem no idioma local.

Voltemos no tempo. Vinte anos antes, nos idos de 1979, minha primeira aula de inglês na 5ª série iria começar. A professora entrou na sala e, sem explicar aquilo que eu somente perceberia na viagem mencionada, disse "bom-dia" e foi direto na gramática:

— Hoje vamos aprender o verbo *to be*. Escrevam aí: *I am, you are, he/she/it is, we are, you are, they are.*

"Inglês?" – pensei. "Pra que estudar isso?"

Sintetizando

O interesse leva ao aprendizado; a autoestima, à realização!

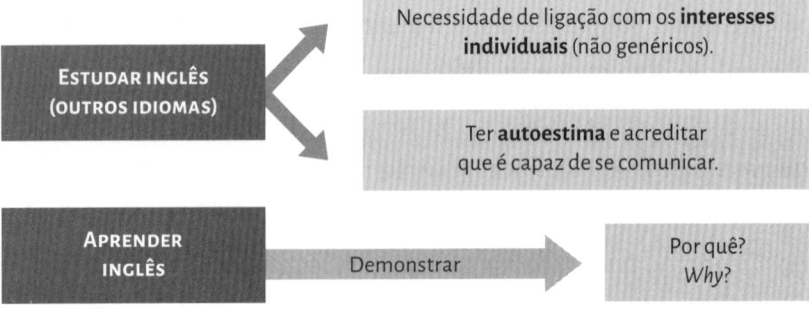

Em ação

Peça a seus alunos que escrevam 20 linhas sobre alguns aspectos em que a disciplina pode tornar a vida deles mais rica. Deixe que eles mesmos os descubram.

Não deixe de ler!

CARNEGIE, D. **Lincoln**: esse desconhecido. 2. ed. Tradução de Wilson Velloso. São Paulo: Companhia Editora Nacional, 1966. Nesse livro, Dale Carnegie apresenta um estudo sobre a vida e os métodos de uma das mais fascinantes pessoas da história: Abraham Lincoln.

PROFESSOR

Quarta aula
Entrando na sala

Um roteiro estimulante

Estávamos nos anos 1990. Era o primeiro dia do ano letivo. A PUCPR (Pontifícia Universidade Católica do Paraná) tem um *campus* situado em São José dos Pinhais, Região Metropolitana de Curitiba. O belo prédio pertenceu a um antigo convento. Entrei na sala de aula e saudei a turma. Comecei a aula procurando empregar um estilo envolvente, atraindo a atenção dos alunos desde o início.

Percebi que estava me saindo bem. Os alunos nem estavam respirando completamente para absorver todas as minhas palavras. Falei então sobre a importância de todos se prepararem para fazer o teste da OAB (Ordem dos Advogados do Brasil). Senti um ar de grande expectativa. Um aluno levantou a mão timidamente, com bastante hesitação, e disse:

— Professor, com licença. Nós não pretendemos fazer o teste da OAB.

— Como é? Por que não querem a habilitação para advogar?

— É que, bem... nossa turma é do curso de Administração.

Caiu a ficha. Percebi logo que estava na sala errada! Mas eu não poderia perder a pose. Continuei falando algo como: "Mas, se vocês fizessem o curso de Direito, teriam que fazer o teste...". Tentei demonstrar que eu tinha o controle absoluto da situação, mas continuei caminhando no sentido da porta. Despedi-me de todos, desejei-lhes boa sorte e saí!

Eu simplesmente havia entrado na sala errada! Lecionava para o curso de Direito e dei aula, por engano, para uma turma de Administração! Acredito que até hoje os alunos não entenderam bem o que aconteceu. Alguns devem ter pensado que foi uma aula trote, porque era o primeiro dia de aula. Como é que um professor entra na sala de outro curso... e prossegue com a aula?

Uma vez mais, consegui tirar lição de uma "trapalhada" como esta. Mesmo para uma turma de um curso completamente diferente, eu havia conseguido atrair a atenção completa dos alunos. Sei o que você deve estar pensando: "Os alunos deviam estar assustados com alguém falando coisas que nada tinha a ver com o seu curso". Sei disso, mas eles não precisavam esperar meia hora para me dizer. Percebi que eu estava falando de maneira atraente o bastante a ponto de terem assistido à aula.

Falar de modo envolvente é uma das questões mais importantes para o professor que quer ter sucesso em suas aulas. Imagine que você entra na sala de aula e encontra ali um grupo de pessoas que está conversando sobre assuntos como o lugar em que vão se encontrar para sair, ou o vestido novo da Kristen Stewart, ou ainda a última geração de jogos de *video game*...

Então aparece o professor na sala, entra direto no assunto e começa a falar algo desinteressante, aparentemente sem utilidade (na visão na turma), pouco atraente. Resultado: você está em desvantagem. O seu começo não foi bom. Mas a coisa pode ficar ainda pior. Há professores que se acham o Elvis Presley ou a Amy Winehouse em sala de aula e procuram "arrasar" tratando de temas complexos desde o início e arruinando toda a aula. Alguns professores falam durante duas horas e os alunos não entendem nada. Tentam mostrar erudição, domínio imenso da matéria. Mas isso não prova nada. Já participei de bancas em que o candidato que sempre foi assim não resiste a um debate de alto nível; às vezes, desmorona completamente.

O que acontece quando o professor complica tudo é que, na realidade, desperdiça o tempo dos dois lados. Há desintegração. Alunos e professores se reúnem em vão. Conheço bem essa história porque eu mesmo cometi tais erros quando iniciei no magistério. Nas primeiras aulas que ministrei, queria impressionar os alunos e memorizei quarenta autores só para tratar de um assunto que eu iria abordar. À medida que os minutos passavam, eu ia mencionando tais autores. Levei um bom tempo para perceber que isso era uma grande tolice. Isso não prova conhecimento, mas egoísmo. Talvez demonstre até insegurança.

Então, o que faço hoje para começar a aula? Procuro atrair a atenção desde o início. Tem de ser algo interessante, preferencialmente que tenha ligação com a matéria. Pode ser algo agradável que tenha acontecido logo antes de chegar à escola ou universidade. Por exemplo: "Hoje eu estava vindo para cá e tive que parar o carro para ver uma cena. Eu não acreditei no que estava acontecendo. Uma senhora jogou um papel de sorvete pela janela do carro. Então, um motorista que tinha visto tudo estacionou o seu veículo, saiu do carro, apanhou o papel e jogou-o na lata de lixo. É bom saber que existe gente que procura fazer as coisas certas e que se preocupa com o meio ambiente. Aliás, coincidentemente, o tema da aula de hoje é o meio ambiente...".

Perceba como a história chama a atenção para a razão de o professor ter parado para ver a cena. A situação tem utilidade também por ser instrutiva e permitir a conexão com o início da aula. Claro que a história tem de ser verdadeira, mas o mundo está cheio de notícias diárias e informações para serem exploradas durante as aulas. Os jornais falam sobre tudo. É também muito ilustrativo utilizar uma fotografia ou um objeto. Contudo, cuidado: evite utilizar *datashow* durante a aula toda, porque assim ela fica cansativa. Quando o utilizo, nunca ultrapasso 20% da aula tendo esse recurso como apoio e, mesmo assim, procuro alternar as estratégias, desligando o aparelho para que os alunos somente se concentrem no professor. Afinal, se eles quisessem uma gravação, não seria necessário que o professor estivesse ali. Sempre se lembre disto quando entrar em sala: os alunos querem saber o que o professor tem a dizer.

Depois de iniciar bem a aula e, com ênfase, deixar clara a utilidade do tema para os alunos de maneira personalizada, vem o conteúdo em si. Uma técnica que tem sido eficaz para mim e que pode ser-lhe útil é demonstrar que o assunto de que se está tratando é intenso, real e tem vida.

Por exemplo, quando começo a falar de nossos ancestrais, interrompo a aula e digo:

— Vocês já pararam para pensar que nós somos descendentes destas pessoas sobre as quais estou falando (os ancestrais), que eles não são seres abstratos? Na verdade, são nossos avós mais antigos, avós dos avós dos nossos avós. Eles abriram caminho para que pudéssemos estar aqui hoje.

Assim, o assunto fica mais íntimo e ganha mais importância. Quando tento explicar a diferença entre um furto de galinha no passado e os furtos de galinha nos tempos atuais, ilustro:

— Para nossos avós dos tempos passados comerem um frango, não bastava abrir a geladeira e levar o frango ao micro-ondas. Era necessário adentrar a mata e tentar caçar as galinhas selvagens que voavam. Depois da refeição, era necessário caçar de novo, e isso poderia durar uma semana ou mais. Nos dias de hoje, as galinhas estão extremamente acessíveis e um furto de galinha é considerado banal e sem importância, mas no passado era algo vital...

Uma das melhores maneiras que encontrei para explicar determinada matéria é contar a história dela, desde o início, construindo imagens mentais. Para tanto, explico como se chegou ao tema, desde as origens históricas, de maneira clara e objetiva. Ou ainda, quando trato do aspecto subjetivo do crime, por exemplo, demonstro que ele está ligado à mente da pessoa que comete o ato ilegal. Nos tempos antigos, só se pensava no estrago material causado, mas hoje é muito importante saber o que o autor do crime queria quando causou lesão a alguém... Então, aponto para a cabeça e digo:

— Tudo o que está aqui, na mente da pessoa, é o aspecto subjetivo do crime. Portanto, o aspecto subjetivo está ligado ao pensamento. Por outro lado, o aspecto objetivo está ligado ao mundo exterior, à matéria, às coisas. Assim, tentem fazer uma ligação:

1. Aspecto subjetivo.
2. Aspecto objetivo.

( ) Francine atira e mata Cecília.
( ) Francine quer matar Cecília.

Nesse momento, fica mais fácil entender que querer matar é um aspecto subjetivo do crime. Sem entender os primeiros passos, como é que os alunos entenderão os passos seguintes? Agora, se eu disser que os próximos assuntos a serem estudados serão dolo e culpa e que eles dizem respeito ao aspecto subjetivo do crime, sei que os alunos estarão acompanhando o fluxo do conteúdo.

Portanto, conforme aprendi com os erros que cometi nos meus primeiros tempos de magistério, adotei um roteiro que lhe pode ser útil:

1. Elaborar um início atrativo e chamativo: contar uma pequena história ou mostrar um objeto ligado ao tema (uma pedra, um garfo etc.).
2. Criar quadros mentais, trazendo exemplos muito próximos da realidade dos alunos.
3. Alternar explicações teóricas e exemplos.
4. Falar de maneira simples e explicar de várias formas.
5. Evitar apenas ler – explicar os temas com suas próprias palavras.
6. Concluir de maneira a despertar curiosidade em relação ao próximo assunto, por exemplo: "Na próxima aula, nós veremos qual foi a consequência trágica do erro que Napoleão cometeu".

Sintetizando

Para ministrar uma aula atrativa, siga um roteiro estimulante.

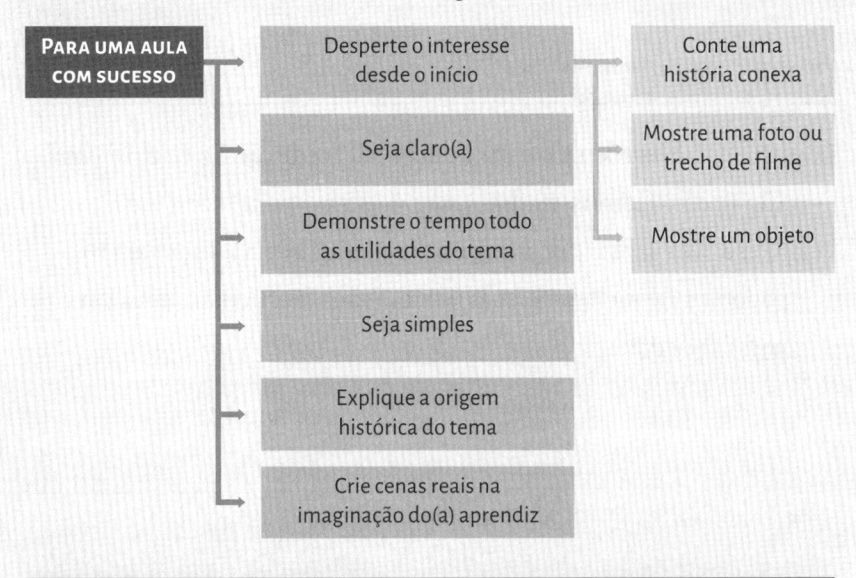

- **Para uma aula com sucesso**
  - Desperte o interesse desde o início
    - Conte uma história conexa
    - Mostre uma foto ou trecho de filme
    - Mostre um objeto
  - Seja claro(a)
  - Demonstre o tempo todo as utilidades do tema
  - Seja simples
  - Explique a origem histórica do tema
  - Crie cenas reais na imaginação do(a) aprendiz

Importante
UM PASSO DE CADA VEZ

Em ação

1. Prepare uma história – relacionada com o tema a ser tratado – para contar nos primeiros minutos de sua próxima aula.
2. Prepare um final para sua próxima aula que estimule a curiosidade.
3. Entre o início e o fim da exposição planejada para sua próxima aula, cite exemplos práticos da utilidade do tema estudado.
4. No meio de uma aula, utilize um objeto ligado ao tema tratado. Por exemplo: se você for falar sobre uma comunidade indígena,

pode, de repente, tirar uma flecha de uma bolsa, surpreendendo os alunos e fazendo-os ficar concentrados na aula.

NÃO DEIXE DE LER!

LONDON, J. **HISTÓRIA DE UM SOLDADO.** Tradução de Carlos Rizzi. São Paulo: Hemus, [S.d.].

Nesse livro, Jack London traz contos geniais que nos mostram como podemos ver melhor pessoas habitualmente estigmatizadas em nossa sociedade.

Quinta aula
Arrastado pelo corredor

Cultivando bons valores

Era uma linda manhã ensolarada nos anos 1970. Apanhei a caneta, tirei a carga e a tampinha do seu interior. A zarabatana estava pronta. Agora, à munição. Apanhei a borracha e mordi para arrancar pequenos pedacinhos que coubessem no tubo da caneta. Então, comecei a mirar nas cabeleiras gigantes das meninas e disparei. Só parei de cravar as borrachinhas nos tufos de cabelos alheios quando a professora me agarrou pelos punhos e começou a me levar para fora da sala. Eu sabia que o destino seria a diretoria, e eu já estava encrencado demais para ir até lá novamente.

Finquei o pé no chão, na esperança de permanecer imóvel. A professora era mais forte, e o chão estava encerado. Fui deslizando pelo corredor liso, choramingando para a professora que eu iria me comportar melhor. Ela estava irredutível. No trajeto até o inferno, eu passava diante das portas das outras salas e todo mundo via o que estava acontecendo. Numa das portas, vi um rosto conhecido. Era minha querida prima Joseli. Uma das pessoas mais simpáticas que conheci, Joseli é uma dessas professoras que enobrecem o magistério. Calma, paciente e amável, quando ela me reconheceu, imediatamente intercedeu por mim.

— Beto. O que está acontecendo? Professora! Deixe-me conversar com ele, prometo que ele vai se comportar melhor!

— Você não sabe o que ele aprontou. Ele não tem jeito. Não aguento mais!

Como diria Papillon, mais uma vez eu estava no inferno. Meu pai era chamado toda semana na escola. Eu estava sempre tentando me equilibrar para não ser expulso por indisciplina. Em uma das situações mais agudas, sem nenhum motivo, um garoto passou por mim e simplesmente me acertou dois socos no estômago. Não surtiram efeito. Reagi e acertei um soco no estômago dele. Só que ele começou a chorar e foi até a diretoria reclamar que eu havia batido nele.

Nada, absolutamente nada adiantava argumentar com pessoas que acreditam desde o início que você está errado, ou que é errado. Minhas bagunças não eram violentas, mas incomodavam o "bom andamento" das atividades. Hoje percebo que alguns alunos recebem um estigma e, daí para frente, os educadores perdem a noção de um encaminhamento pedagógico e até mesmo justo. Eu já tinha antecedentes de bagunça (não de agressão) e tentei explicar que havia acertado um golpe no colega para me defender, mas nada adiantou e fui instantaneamente considerado culpado. Lá estava meu pai novamente convocado a comparecer à diretoria.

O colégio era comandado por freiras, e a diretora disse para meu pai:

— Seu filho não pode permanecer no colégio, o comportamento dele é muito ruim.

Uma qualidade que sempre admirei em meu pai era que ele sabia qual era a hora certa para me defender. Então, ponderou:

— Se não, vejamos. Ele teve uma briga no colégio. Segundo ele – e meu filho não mente para mim –, ele foi agredido primeiro. Além disso, estamos no final do ano e ele está entre os melhores alunos da classe. É um dos 12 da turma que atingiram a média e acredito que isso deve ser considerado.

Eu estava salvo de novo, mas por um fio.

Num belo dia, chegou a vez em que eu poderia me redimir. A professora havia passado um texto para cada um decorar e recitar nas festividades que se aproximavam. Eu havia me empenhado bastante para decorar todo o texto e falar bem. Dediquei-me muito realmente para fazer um bom papel.

Eis que chegou o dia. O colégio estava lotado e uma multidão esperava as apresentações variadas. Minutos antes de eu me apresentar, a professora veio falar comigo. Disse-me que meu texto seria lido por outro garoto.

— Mas eu já decorei tudo!

— Sei disso, mas seu outro coleguinha precisa ler este texto. Você tem que colaborar. Você pode ler este outro texto aqui.

Estava feito. Tive de ler o texto pela primeira vez em público, sem ter tido a oportunidade de nenhum outro preparo. Percebi que haviam sido injustos comigo. E isso também não era bom para as crianças privilegiadas indevidamente. Acabavam se tornando pessoas mimadas, que aprendem a bajular os outros quando têm interesses. Sem se esforçarem para conseguir benefícios e tentando puxar o tapete dos outros, seu caráter acaba por desviar-se. Os adultos acabam prejudicando as crianças ao estimular tais debilidades.

Para minha sorte, com a boa educação que recebi em casa de meu pai e minha mãe, e com meus esforços próprios, consegui estabelecer a diferença entre o certo e o errado. O treino de judô e caratê com o aprendizado de princípios orientais que têm sustentação no respeito e nos fundamentos da dignidade certamente me influenciaram muito. Jamais colei em uma prova, não mentia, não era bajulador e não enganava as pessoas. Levava a sério todas as minhas promessas, era honesto e extremamente pontual.

Com o passar do tempo, percebi que isso me trouxe vantagens pessoais e profissionais. Achava estranho quando as pessoas mentiam, principalmente quando se tratava de professores. Levei anos para aceitar o fato de que as pessoas descumprem a palavra ou chegam atrasadas em compromissos, quando não os faltam, por mais simples que sejam.

Anos depois, quando eu estava em Florença, na Itália, certo dia acompanhei minha amiga Alessandra até o ponto de ônibus. Ela disse que o ônibus chegaria às 19h34, mas chegou às 19h38. Uma senhora bastante idosa entrou e falou para o motorista:

— Seu maldito! Seu horário é 19h34 ou 19h38? Porque, se for 19h38, eu posso vir quatro minutos depois!

Guerras, privações que obrigavam as pessoas a ficar na fila durante horas para receber um pedaço de pão e experiências difíceis ensinaram-lhe a importância de fazer as coisas certas. Muitas pessoas também têm em si o senso de dignidade. É vital saber que existe gente decente em todos, absolutamente todos os lugares do mundo.

O poeta T. S. Eliot já ensinou: **QUANDO QUASE TODOS ESTÃO FUGINDO, QUEM CAMINHA NA DIREÇÃO CONTRÁRIA PARECE ESTAR FUGINDO TAMBÉM.**

Se eu voltasse no tempo, estudaria mais, seria mais compreensivo, educado e comedido. Mas, assim como Jay Gatsby na obra de Fitzgerald não pode voltar ao passado e fazer sua amada desvincular-se de seu casamento com outro, eu também não posso voltar ao passado. Entretanto, pude aprender outra lição: como profissional, cumpro meus horários e compromissos. Honro minha palavra, ainda que para alguma coisa trivial. Sempre me empenho para ser correto, honesto e justo com os outros. Se não pude voltar ao passado, por outro lado, o passado não me assombra como a luz verde que sempre aparecia e assustava Gatsby. O passado é meu aliado. Não se preocupe mais com o que ocorreu no seu passado, se você não fez as melhores coisas de sua vida, ou se não trabalhou bem o suficiente, ou se sua aula de ontem não foi a melhor possível. É leite derramado. Hoje é um novo dia e podemos fazer a coisa certa.

Immanuel Kant, filósofo da época do Iluminismo, era tão pontual que as pessoas de Königsberg, onde ele morava, ajustavam seus relógios pelo horário em que ele fazia sua caminhada habitual. Nós também podemos ser conhecidos pelos bons valores.

Sintetizando

Para ser respeitado profissionalmente, cultive bons valores.

Cultive bons valores → Seja justo(a) → Seja honesto(a) → Não se preocupe com a crítica injusta → Seja você mesmo(a)

PARA ADQUIRIR RESPEITO E VALOR

Em ação

Para sua próxima aula, escolha um aspecto que você acredita que possa melhorar (pontualidade, vestuário, paciência, compreensão, economia etc.) e melhore!

Não deixe de ler!

DAVIS JR., S.; BOYAR, J.; BOYAR, B. **Sim, eu posso**: a história de Sammy Davis Jr. Tradução de Maria Antonieta Tróia. Rio de Janeiro: Bloch, 1968.
Nessa biografia, Sammy Davis Jr. demonstra como podemos colocar a alma naquilo que fazemos. Também se trata de um verdadeiro tratado sobre o racismo.

PROFESSOR

Sexta aula
Domínio da aula

Domínio do tema

O tema da aula era o suicídio. Falei sobre o livro de Goethe que havia sido acusado de levar pessoas a cometerem suicídio e em alguns países fora proibido. Citei Schopenhauer, que pregava a extinção da própria vida como a melhor saída para todos, porque a vida seria monótona, segundo ele. Quando os alunos perguntavam por que ele mesmo não praticava o que pregava, Schopenhauer respondia que alguém precisava estar lá para ensinar os alunos. A turma sorriu.

Sempre procuro trazer uma boa dose de humor para as aulas, o que ajuda o moral e estimula a atenção sobre os temas de que trato. Mas eu sabia que o assunto era muito sério. Como de costume, falei sobre a história do suicídio nas sociedades, ora como um ato criminoso que obrigava a família do suicida a pagar pelo crime de seu parente, ora como um ato de heroísmo quando empregado para salvar a vida de outrem ou em prol da pátria.

Lembrei os famosos pilotos japoneses *kamikazes* que utilizavam o próprio avião para atingir os navios norte-americanos durante a Segunda Guerra Mundial. Comentei outras atitudes suicidas de heróis do outro lado da guerra, como foi o caso dos soldados norte-americanos que desembarcaram na Normandia e dos pilotos dos bombardeiros que voaram nas primeiras incursões para lançar bombas sobre a Alemanha e ficavam muito vulneráveis aos caças alemães.

Mencionei o caso de Freud, que, com câncer na garganta, pedira a seu amigo, Dr. Max Schur, que praticasse a eutanásia, aplicando-lhe duas grandes doses de morfina. Expliquei o tratamento jurídico referente ao assunto, mostrando que não é crime tentar praticar o suicídio frustrado, o crime ocorre quando se estimula ou se auxilia outrem a praticar o suicídio.

Comentei os casos de suicídio de que tratei durante os anos em que trabalhei na Delegacia de Homicídios. As sensações que tive quando chegava aos locais em que o suicida havia praticado seu último ato são indescritíveis, mas me possibilitavam falar com mais convicção sobre o assunto. Falei sobre as perícias e as observações técnicas que permitem conhecer detalhes dos passos finais da pessoa que optou pela morte de si mesma. A turma estava absorta para saber mais.

A finalização é uma parte muito importante da aula, principalmente de um tema tão agudo. Então, comecei a fazer ponderações pessoais sobre o assunto.

— A vida tem altos e baixos — afirmei. — O problema da depressão suicida é que pensamos que o momento em que estamos para baixo parece não ter fim. Mas é certo que as crises são passageiras e vamos nos recuperar. É preciso acreditar e aprender a ser firme com o especialista de sobrevivência na selva Bear Grylls: qualquer que seja a situação em que você se encontre, é preciso aguentar firme e perseverar.

Recomendei uma obra do autor que melhor tratou do tema do suicídio: Dale Carnegie, no livro *Como evitar preocupações e começar a viver* (2003). Carnegie falou com muita coragem sobre o suicídio, quiçá porque ele mesmo estivera num momento difícil e pensara seriamente sobre a possibilidade de cometer o ato. Ainda no período da adolescência, Carnegie teve de superar também a vontade de desistir completamente de tudo.

Pensei comigo. Fui bem! Uma das coisas que havia aprendido para falar sobre um assunto era a necessidade de preparar bem a aula. Não somente estudar o tema, mas mergulhar fundo nele. Note o amigo leitor como foi o meu preparo para essa aula: 1) estudei filósofos que trataram do suicídio; 2) pesquisei a história do tema; 3) analisei conflitos bélicos mundiais; 4) estudei sobre a legislação que versa sobre o assunto; 5) trabalhei ao todo por seis anos na Delegacia de Homicídios, investigando inúmeros casos no local onde eles ocorriam, acompanhando a perícia e determinando diligências; 6) estudei sobre casos notórios, como foi a eutanásia de Freud; 7) li um livro que tratava do assunto em relação ao aspecto terapêutico; 8) acompanhei casos próximos ocorridos com amigos e familiares; 9) tive acesso a posições religiosas sobre o tema.

Tinha, portanto, além de um conhecimento consistente sobre a matéria que eu iria ministrar, o que Dale Carnegie chamava de *material de reserva* sobre o assunto, isto é, o algo a mais de que se tem conhecimento, mas não será obrigatoriamente utilizado em aula, a não ser que seja preciso ou como apoio geral.

Nas palavras de Carnegie, citado por Bacila (2012, p. 118):

> Não gaste dez minutos ou dez horas preparando uma palestra. Gaste dez anos. Não tente falar sobre nada até que você tenha ganho o direito de falar sobre isto através de longo estudo ou experiência. Fale sobre algo que você conhece, e você sabe que você conhece. Fale sobre alguma coisa que despertou seu interesse. Fale sobre algo que você tenha um desejo profundo de comunicar aos seus ouvintes [...].

Achei que havia terminado a aula e comecei a sair da sala quando um aluno, que chamarei de Remo, veio falar comigo. Ele estava com um ar muito sombrio.

— Professor, o senhor acredita que a tendência suicida possa ser hereditária?

— Por que você me faz essa pergunta?

— Porque meu avô praticou suicídio e meu pai também.

— A única coisa que posso lhe dizer com segurança é que a ciência chegou hoje num acordo, e esse acordo consiste em afirmar que não se pode ter certeza se a pessoa tem completo livre arbítrio para decidir sobre as coisas ou se somos conduzidos como marionetes pelas forças da natureza, da genética, das influências sociais etc. Talvez ocorra um tanto de decisão pessoal e outro tanto de influência determinista. O fato é que já vi o bastante para lhe assegurar que somos artífices do nosso próprio destino e que podemos contrariar as tendências negativas, se persistirmos até o fim. Os maiores gênios da humanidade demonstraram isso. Se estudarmos as grandes biografias de pessoas que fizeram a diferença na humanidade, veremos que elas sofreram imensas dificuldades e foram desacreditadas de maneira cruel. Contudo, lutaram para superar as maiores barreiras da vida e foram bem-sucedidas no final. Sei que você gosta de Michel Foucault, porque faz perguntas relacionadas a ele.

— Sim, é o meu filósofo preferido.

— Você sabia que Foucault tentou o suicídio quando era adolescente? No entanto, lutou contra essa tendência, persistiu e venceu, brindando o mundo com sua filosofia magnífica. Leia sobre a vida de Helen Keller e sua professora Anne Sullivan e você verá o que é dificuldade para se vencer. Helen adoeceu quando tinha apenas um ano de idade e ficou cega e surda. Mas, mesmo assim, aprendeu a ler sinais, estudou, formou-se e passou a proferir palestras. Nós temos muito mais facilidades e não procuramos descobrir todo o potencial que temos. O mundo sorri para nós e nos espera nesta aventura fantástica.

Olhei para Remo e vi nele um ar de otimismo. Apertei a mão dele com um sentimento de que ele fosse feliz.

Agora a aula havia terminado.

SINTETIZANDO

Para dominar o tema, leia, entreviste e vá a campo. Desenvolva o material de reserva.

O DOMÍNIO DO TEMA

PARA UMA AULA COMPLETA

1. Mergulhe a fundo no tema e prepare-se muito para a aula.
2. Entreviste especialistas.
3. Associe-se a trabalhos na área.
4. Desenvolva o poder de reserva.
5. Leia os clássicos relacionados (literatura, filosofia, reportagens).

Em ação

Selecione um tema de que você tratará em sua próxima aula. Pense em algumas maneiras pelas quais você possa aprofundar-se no estudo desse tema e desenvolver o material de reserva (leituras complementares, reportagens, entrevistas, pesquisa de campo etc.). Aja!

Não deixe de ler!

CARNEGIE, D. **Como evitar preocupações e começar a viver**. 37. ed. Tradução de Breno Silveira. São Paulo: Companhia Editora Nacional, 2003.

Nesse livro, Dale Carnegie apresenta métodos de organização pessoal e profissional e técnicas de controle de preocupação que ele desenvolveu de maneira original. É o meu livro de cabeceira.

Sétima aula
A magia dos livros

Movendo montanhas: a ênfase nos acertos

Cecília, a professora de Língua Inglesa, chamou-me para conversar em particular.

— Carlos, você é uma ótima pessoa, mas na condição de aluno é terrível. Fica fazendo piadas o tempo todo. Você precisa amadurecer!

Eu sabia que ela estava com a razão e falava para me ajudar. Mas era difícil mudar meu comportamento. Se os adultos dizem que você é bagunceiro, acaba acreditando nisso e se comportando como tal. No entanto, nós podemos mudar esse quadro. Eu tive as minhas oportunidades. Elas foram acontecendo aos poucos.

Continuava administrando as notas o suficiente para ser aprovado. Havia um professor de Ciências que nos estimulava a estudar. Suas aulas eram muito boas. Interessei-me pela matéria. No final do bimestre, fazíamos um provão do qual participavam todas as turmas. Acertei todas as questões de biologia, química e física e obtive a maior nota na disciplina. Para mim, era algo muito importante. Curiosamente, o feito não foi mencionado no colégio.

Também estava precisando de nota em Matemática. Pedi auxílio ao meu tio Sebastião, que era magnífico em ciências exatas. O *tio Bastião*, como o chamávamos carinhosamente na família, era um verdadeiro ídolo para mim. Além disso, era uma daquelas pessoas boas que a gente conhece e admira – um exemplo de ser humano. Ele me ensinou tão bem matemática que na prova seguinte tirei o único dez da turma. Novamente, nenhum comentário no colégio.

Inconscientemente, eu queria fazer algo legal, digno de apreciação no meu meio, mas não percebia isso. Fazia piadas e arrancava muitos risos, desconcertava o professor, mas sabia que algo estava errado. Não é preciso ser um super-herói para receber reconhecimento pelas boas ações, principalmente quando se é criança e se está em fase de crescimento físico e intelectual. Percebi quão importante é ressaltar os bons passos, individualizar as características personalíssimas.

A propósito, no ano de 1912, um professor dedicava-se a fazer algo diferente no ensino, com repercussão mundial. Seu nome era Dale Carnegie e, durante sua primeira aula como professor do curso de oratória, ele não criticou os alunos pelos erros que cometiam. Ao contrário, descobriu em seus alunos as virtudes que cada um tinha. Dessa maneira, elogiava tanto os talentos inatos de cada um quanto os pequenos progressos individuais.

Para conseguir fazer tais avaliações, Carnegie solicitava que os estudantes relatassem suas experiências pessoais relacionadas aos temas. Assim, conhecia as particularidades de cada um, podendo descobrir também as potencialidades dos estudantes e o caminho para o qual deveria seguir a educação. A técnica de Carnegie era ser pródigo no elogio sincero, estimulando o aprendiz a ter vontade de progredir.

No livro de Joaquim Manuel de Macedo intitulado *A luneta mágica* (2002), Simplício encomenda duas lunetas de um mago: a primeira o faz ver somente o mal das pessoas; a outra lhe permite enxergar o bem. É claro que não se pode ver só um lado das coisas, mas a educação precisa ver o bem do aprendiz, sob pena de perder oportunidades de progresso.

Voltando ao colégio, começava a interessar-me por leitura. Lia um livro depois do outro. Procurava os livros em catálogos e, se me interessava pelo título, encomendava-os pelo correio. Uma das histórias de que mais gostei foi a de Fernão Capelo Gaivota. Para mim, Fernão é a gaivota que procura a essência do voo. As outras gaivotas simplesmente não o compreendem. Até aí tudo bem. O problema é que elas lhe causam muitos transtornos, até que Fernão Capelo Gaivota aprende a voar sem as amarras de outras gaivotas que ainda não se encontraram. Voa alto no céu. Voa muito alto. É um mestre no seu voo.

Num belo dia, a professora de Português passou um tema para a turma fazer uma redação em sala de aula. Interessei-me realmente pelo assunto e decidi fazer um bom trabalho, o que me levou a um grau de intensa concentração na atividade, fato que normalmente não me era corriqueiro. Um a um os alunos foram lendo suas redações. Chegada a minha vez, li o texto para a turma. Quando terminei, a professora sentenciou:

— É plágio. De onde você copiou este texto?

Os coleguinhas assentiram, alguns anuindo com a cabeça e outros repetindo o que a professora dissera:

— É plágio!

Argumentei que o texto era meu, como de fato era. Eu não havia copiado. É claro que ela não mostrou de onde eu teria copiado o texto. Naquela época, não havia internet. Se houvesse, ela digitaria o texto e veria que não havia sido publicado nada parecido, porque a redação era minha.

Apresentação
de Redação

Segundo a professora, a redação estava "em um nível de adultos", incompatível com o nosso período. Certamente que ela poderia investigar melhor a situação, verificando com meus pais ou até mesmo com pessoas mais versadas na literatura se o texto que eu havia escrito durante a aula tinha similar. Talvez ela tenha confundido o meu jeito brincalhão, bagunceiro e hiperativo com outros tipos de comportamento, como os de alunos que colam nas provas, mentem para os professores e os pais ou agridem gratuitamente os colegas. Este não era o meu caso. Entretanto, a professora parecia confundir quem faz bagunça com tudo o que é errado, caracterizando-se o que se denomina de *estigma*.

Portanto, em vez de receber o reconhecimento pelo bom trabalho, fui criticado mais uma vez. Mas, dessa vez, um sentimento diferente surgia em mim, um sentimento de que eu estava acima daquilo tudo, um sentimento de que um dia eu provaria meu valor.

A crítica à minha redação realmente foi injusta. Contudo, mesmo que fosse justa, deve-se evitar a crítica repetitiva. Muito mais eficiente é a técnica fundamentada por Carnegie no início do século XX que pode ajudar professor e aluno a progredirem em suas aulas: a técnica do elogio sincero. Por que perdemos tantas oportunidades de elogiar uma boa pergunta, um bom trabalho, uma boa resposta na prova e tantas coisas positivas que os alunos fazem? Um elogio sincero pode transformar a vida de um estudante. Não é preciso que se refira somente a qualidades relacionadas à disciplina; pode ser em referência a um desenho, à voz bem entonada, a uma colaboração com o professor. Essa atitude tem o poder de transformar o estudante apático em um entusiasmado colaborador.

Experimente empregar este método do elogio sincero em suas aulas e verá os resultados surgirem imediatamente. Ainda que sejam pequenos progressos, elogie!

SINTETIZANDO

Para ter alunos colaboradores e confiantes nas habilidades deles, ao invés de criticá-los, elogie seus progressos diários.

- Estimular talentos
- Ao invés de criticar o(a) aprendiz, elogiar os seus progressos e suas virtudes reais
- **MÉTODO DE ENSINO DE DALE CARNEGIE**
- Melhorar a autoestima

EM AÇÃO

Para sua próxima aula, prepare-se para descobrir em um aluno e em uma aluna aspectos que possam ser elogiados. Você pode elogiar a turma também, caso encontre um motivo sincero (por exemplo, concentração durante a aula). Observe os resultados!

Não deixe de ler!

CARNEGIE, D. **Como fazer amigos e influenciar pessoas**. 48. ed. Tradução de Fernando Tude de Souza. São Paulo: Companhia Editora Nacional, 2000.

Nesse livro, Dale Carnegie demonstra a técnica, desenvolvida por ele, que tem como base o elogio como fator motivador e de realização.

Oitava aula
Fazendo a diferença

A força dos exemplos

Caminhei pelo corredor da faculdade em direção à sala de aula. Na minha mente, as lembranças de situações que aconteceram no colégio há bem mais de uma década. Havia uma freira que aqui chamarei de Cecília. Ela não vivia pegando no meu pé. Parecia o meu anjo da guarda. Sempre aparecia com um ar gentil, uma conversa amiga e generosa. Era a Irmã Cecília boa. No dia em que eu terminei o ciclo de nove anos no colégio, ela me procurou.

— Carlos, eu acredito muito em você. Você também tem que acreditar em si mesmo. Não se importe com o que os outros falam. Siga o seu próprio caminho e saiba que eu sempre estarei orando por você!

Ela sabia ser diferente e fazer a diferença. Por onde estaria a Irmã Cecília boa? Voltei ao presente. Assim que entrei na sala, concentrei-me no tema que eu precisava trabalhar com os alunos. Comecei a aula criando um cenário mental, mas aproveitei os movimentos que estavam acontecendo naquele momento. Uma aluna estava chegando atrasada. Então, falei:

— Cecília abre a porta e entra na sala de aula.

A aluna ficou confusa, mas continuou a andar. Apontei sutilmente a mão para ela e continuei:

— Então ela caminha, caminha...

A essa altura a turma já estava rindo e a aluna não sabia o que fazer.

— Caminha até o fundão e senta-se para assistir à aula.

A aluna fica irrequieta e pergunta para os colegas:

— O que está acontecendo?

— A aula!

Percebendo que outra atrasadinha estava chegando, arrematei:

— Francine abre aporta e entra na sala de aula... caminha até o fundão... saca uma pistola 45 e acerta oito tiros contra Cecília, que morre.

Assim, começava a aula sobre conduta ou ação, um tema central no conceito de crime. Meus alunos conhecem bem os papéis desses personagens que interagem durante minhas aulas. Francine, sempre a má, apronta diabruras e ataca mortalmente Cecília, que era boazinha e normal, frequentemente vítima de Francine.

Alfonso era o trapalhão, fazia as coisas erradas e, por isso, constantemente se envolvia em acidentes de trânsito. Eliot era o mocinho. Drusila, a vítima de crimes gravíssimos e completamente estranha. Remo era influenciável pelo grupo e participava das ações criminosas, mas também era vítima. As personagens e suas condutas estavam claramente estabelecidas para a turma, então ficava fácil identificar autor e vítima numa trama baseada, muitas vezes, em casos reais. Durante o passar dos anos, fui criando essas personagens para figurarem como rápidas imagens na mente dos alunos, que, além de compreenderem imediatamente os papéis que eles ocupam nos exemplos, divertem-se enquanto assimilam as teorias e suas respectivas aplicações.

No final da aula, alguns alunos de uma turma para quem eu lecionei durante quase três anos me procuraram e disseram que queriam falar comigo. Tinham dois assuntos para tratar. Em primeiro lugar, queriam que eu aceitasse ser o professor homenageado na solenidade de formatura que se aproximava. Em segundo lugar, queriam que eu revelasse para a turma quem eram, afinal, Francine, Cecília, Eliot, Alfonso...

Então, marcamos o encontro que revelaria, após três anos de aulas, quem eram tais sujeitos que fizeram parte da vida deles, trazendo-lhes informações que jamais seriam esquecidas. As suspeitas dos alunos giravam em torno de romances secretos ou tramas do meu dia a dia. Mas a surpresa geral aconteceu a cada revelação. Sei que, após essa aula[1], reproduzida a seguir, as lições continuariam a refletir-se, de tempos em tempos, no pensamento de cada um.

No século XIII, no sul da Itália, os camponeses eram humilhados e não tinham como reagir às violências praticadas pelos estrangeiros franceses. Diante de tal quadro, no ano de 1282 se reuniram e decidiram que fariam a revolta da única forma que poderiam: o grupo sairia durante a noite e procuraria um agressor que estivesse só, para então matá-lo. No dia seguinte, todos se espalhariam e sob nenhuma condição falariam sobre o que tinha ocorrido, ainda que fossem torturados.

Com o passar do tempo o movimento ficou tão forte e temido que os próprios franceses tentavam falar o idioma dos camponeses, mas, como não conseguiam pronunciar a palavra *cicerone*, então acabavam sendo assassinados. A região do sul da Itália denomina-se *Sicília*, que é representada por Cecília nos exemplos que uso durante minhas aulas de Direito Penal.

A França é representada simbolicamente por Francine. É por isso que Francine é sempre o sujeito ativo, a agressora, enquanto Cecília é sempre a vítima. Na realidade, nem sempre. Os nacionalistas sicilianos empregavam as iniciais do movimento que encamparam – "**M**orte **A**lla **F**rancia, **I**talia **A**nela" ("Morte aos franceses, Itália avante!") – como lema para a vitória. Eis a origem da Máfia.[2]

Francine e Cecília representam não só a origem da Máfia, mas a origem de todos os movimentos que podem ser legítimos, no início, mas que acabam invariavelmente perdendo o controle e o senso de

---

[1] Esta aula foi publicada pela primeira vez no meu livro: BACILA, C. R. **Estigmas**: um estudo sobre os preconceitos. Rio de Janeiro: Lúmen Júris, 2008.
[2] Cf. Hess, 1993, p. 6.

justiça para se tornarem tão ou mais opressores do que seus algozes. Depois dessa fase inicial, a Máfia procurou suprir as deficiências da administração pública e auxiliar a população em troca de favores. O resto da história todos conhecem.

Enquanto isso, quando a Lei Seca vigorava nos Estados Unidos, proibindo-se o consumo de álcool, em meados do século 1920, havia um policial bastante honesto e obstinado na perseguição dos partícipes do crime organizado. Seu nome era Eliot Ness. O seu principal rival era o chefe da máfia de Chicago, Al Capone, cujo nome era Alphonse Capone. Aí está a origem dos personagens Eliot e Alfonso. Eliot venceu Al Capone, levando-o à famosa prisão de Alcatraz, na Califórnia. Terminada sua missão, Eliot tentou carreira política e não foi bem-sucedido, tendo passado por maus momentos no final de sua vida.

Isso demonstra a natureza contraditória de Eliot Ness, assim como bem e mal não são expressões absolutas. Nos meus modelos para as aulas, Eliot é o mocinho, enquanto Alfonso faz o papel do bandido. Mas sabemos que muitas vezes o aparente mal oculta um bem, e vice-versa. O mau também pode ser o bom nestas viradas da vida. São, pois, personagens contraditórios, assim como Francine e Cecília.

Existe ainda uma outra simbologia nesses personagens. Para mim, eles representam também todos os traços da personalidade que cada um e que todo ser humano tem. Temos um lado bom (Eliot), que às vezes predomina, mas também temos um lado mais obscuro e negativo (Alfonso). Às vezes somos invejosos e agressivos, astutos e impiedosos (Francine), mas também somos pacíficos e ternos (Cecília). A questão é que deixamos um ou outro traço predominar em nossas condutas, embora todos eles estejam latentes. Somos um complexo caleidoscópio de tramas energéticas, físicas e espirituais.

Cronologicamente, surgiram primeiro Francine e Cecília. Depois, apareceram Eliot e Alfonso. Drusila veio na sequência. Não foi coincidência que tenha surgido depois que concluí minha tese e publiquei o livro **Estigmas: um estudo sobre os preconceitos**. Afinal, Drusila representa os estigmatizados – pessoas com marcas negativas socialmente, excluídas, estranhas e, portanto, injustiçadas. Os piores crimes ocorrem contra ela porque, afinal, o estigma não tem razão de ser e é completamente irracional e estúpido. O delito e o estigma atrapalham a sociedade constantemente, assim como perturbam Drusila. Ela tem natureza tão complexa que também tem que enfrentar os traumas decorrentes de suas inseguranças e aborrecimentos.

Remo é o personagem mais recente. Conta-se que, no momento em que Rômulo fundou Roma, matou seu irmão Remo. Portanto, Remo está ligado à história de Roma, que, nas suas tramas mais sinistras, sofisticou os crimes que mais tememos. Remo é um sujeito que se deixa seduzir sem critérios pelo crime organizado; ele é envolvido sem resistir ou refletir. É um ser que se envolve com futilidades, frágil, sabujo, daqueles que se aproximam do poder a qualquer custo, mesmo que tenha que vender a mãe ou os amigos. É o modelo perfeito para a prática da lavagem de dinheiro, que tanto prejudica a sociedade. Contrariamente ao simbolizado por Remo, deve-se preconizar a ideia de que podemos simplesmente nos sentir bem e aprovados ao praticarmos o que é certo, honesto e justo.

No final da revelação, tiramos uma foto juntos. Guardo essa foto com muito carinho e sempre me lembro da curiosidade que todos têm sobre Francine e Cecília.

Durante minhas aulas, os personagens interagem em múltiplas ações, gerando filmes claros na cabeça dos estudantes, que, em momentos divertidos, concebem os temas mais complexos do direito penal. Mas como a vida não é só graça, os personagens criam conhecimento histórico e dinâmico. Como se isso não fosse o suficiente, são entes de simbologias múltiplas que permitem a reflexão filosófica e existencial, possibilitando, com isso, que se demonstre a magia do aprendizado.

Para facilitar a compreensão dos conceitos que você está transmitindo em aula, logo após a apresentação do conceito (ou antes, se preferir), formule um exemplo. Elabore-o com base em situações próximas dos alunos para que eles possam imaginar a cena, criando quadros mentais. Você observará que, com isso, a concentração deles aumentará e os conceitos serão mais bem absorvidos.

Sintetizando

Para ser compreendido, formule exemplos interessantes.

Fazendo a diferença...

- Faça das críticas injustas e dos momentos difíceis alavancas para o sucesso.
- Lembre-se sempre de manter as teorias vivas por intermédio de exemplos realistas.
- Desenvolva suas próprias ideias pedagógicas. Tenha coragem.
- Para transmitir as teorias, crie personagens que interajam nos exemplos ligados aos conceitos.
- Crie mecanismos de comunicação com os(as) alunos(as).

Em ação

Em sua próxima aula, formule exemplos interessantes para ilustrar os pontos mais importantes que você abordará. Experimente!

Não deixe de ler!

BERNARDINHO. **Transformando suor em ouro**. 2. ed. Rio de Janeiro: Sextante, 2006.
   Nesse livro, o renomado técnico de vôlei explica os seus métodos vitoriosos para preparar uma equipe campeã.

NONA AULA
Tentando escrever de novo

Não se importe com as críticas

No dia em que a diretora da escola soube que eu iria para o Colégio Santa Maria, fez uma expressão de grande alívio e desabafou:

— Graças a Deus! Lá você verá como é duro ser aprovado.

Não precisava ter me dito, eu já havia aprendido o quanto era difícil ser aprovado.

A história de eu ir para o Santa Maria começou quando Eliot, um amigo meu, aluno muito estudioso que futuramente passaria no exame do ITA (Instituto Tecnológico de Aeronáutica), havia comentado comigo que o Santa Maria era um colégio muito forte e que, para ser admitido, era necessário fazer um teste. Comentei o assunto com meus pais e eles disseram:

— Então é para lá que você vai.

Estávamos em 1983. Fiz o teste e fui aprovado.

A turma era constituída por 45 meninos. Não havia meninas, diferente do que ocorria nas outras turmas, que eram mistas. Essa composição, associada à influência dos astros que se combinaram, tornou-nos a turma mais desordeira de todos os tempos. Era conhecida como o "1º E"[1].

---

[1] Na época, a nomenclatura era diferente: o antigo 1º ano hoje corresponde à 1ª série do ensino médio.

Nem bem a primeira aula começou e o professor já havia perdido o controle. Três primos que tinham vindo de uma cidade da região metropolitana, chamados, por isso, de *Irmãos Campo Largo*, logo se embebedaram e quebraram um garrafão de vinho de cinco litros! Outro colega tinha uma espátula de obras e foi arrancando as massas da janela que prendiam os vidros. Em pouco tempo, todos os vidros estavam numa pilha.

Brigávamos quase todos os dias. O funcionário responsável pela disciplina era Alfonso. Quando eu entrava na sala dele, ele acenava negativamente a cabeça e dizia:

— Você de novo?!

Mas, dessa vez, eu tinha parceiros à altura. Parece que a cidade havia reunido as pessoas mais criativas do mundo no 1º E. Havia professores que ameaçavam parar de dar aulas para nossa turma. Outros, mais durões, entravam na sala e já iam mandando dois ou três para fora por indisciplina. Nos intervalos em que íamos para o pátio, nossos colegas batiam nos alunos mais velhos do Terceirão. Eu continuava somente lutando em defesa própria, coisa que foi característica minha desde a infância. Nunca agredia ninguém gratuitamente. Mesmo assim, eu precisava brigar muito lá.

O professor de Biologia identificou em mim um líder de rebelião. Eu sentava na última carteira, como sempre, e ele fez com que eu fosse para a frente, para poder me controlar. Lá havia uns "sacaninhas" de tamanho menor. Decidi fazer a vida deles um inferno. Era pauleira pura. Antes do final da aula na qual tinha ido para as primeiras carteiras, o professor achou melhor me mandar de volta para o fundão para ficar longe dele.

Remo, um amigo que hoje é um excelente médico, estudioso e disciplinado, sempre aguardava ansioso o início da aula. Então, como a cadeira era ligada com a mesa e bastante pesada, virávamos a carteira dele para os fundos da sala e a segurávamos assim até a professora chegar. Quando ela perguntava o motivo de ele estar de costas para ela, dizíamos que era uma forma de protesto pacífico. Por fim, éramos retirados da sala. O fato é que competíamos o tempo todo para ver quem aprontava mais.

Finalmente, a turma foi praticamente interditada e éramos proibidos de descer para o intervalo. O Alfonso subia e ficava nos observando em silêncio. No primeiro semestre, 23 alunos já haviam saído, transferidos para outros colégios, alguns convidados, outros expulsos. Mas eu havia aprendido a lidar com situações críticas. Sabia muito bem equilibrar a bagunça com o estudo. No final do ano, nove alunos passaram para o 2º ano, cinco deles por média. Eu estava entre eles. A lição mais importante eu aprendera: lidar com o caos.

Duas coisas marcaram mesmo aquele ano. A primeira foi a presença de um professor de Teologia chamado Joba. Não que não tivéssemos ótimos professores, mas o Joba era diferente. Tratando-nos com igualdade, ele conseguiu unir a turma, pela primeira vez. Fazia-nos voar em reflexões filosóficas e, certo dia, nos fez cantar, juntos, em italiano, versos mais ou menos assim:

Se todos os jovens do mundo
se dessem as mãos
em torno do mundo,
agora parecem uma ciranda em torno do mundo
em torno do mundo...

A outra coisa que aconteceu não foi tão boa.

A professora de Gramática e Literatura, que chamaremos de Francine, era muito respeitada pelos alunos. Sem dúvida, representava a austeridade e a dedicação. Eu tinha muita reverência pelos conceitos que ela transmitia. Ela sempre estava com um ar muito sério, um misto de preocupação e severidade. Um dia, ela pediu que fizéssemos uma redação, com tema livre e no máximo 20 linhas.

Àquela altura, eu já tinha uma razoável leitura e expressiva experiência em ambientes selvagens, interagindo à vontade com a natureza. Afinal, desde criança mantivera a rotina de ir para a fazenda dos meus pais nos fins de semana e nos feriados. Assim, eu conhecia muito bem as plantas e os comportamentos dos animais da Região Sul. Então, selecionei uma ave que fazia parte das minhas aventuras desde a meninice. A pomba-preta, chamada também de *carijó, mineira* ou *asa-branca,* como preferia denominá-la o lendário cantor Luiz Gonzaga, é uma ave fascinante dos campos e capões do Brasil. Com seu voo imponente, ela faz malabarismos no ar e está sempre desconfiada dos seres humanos. O barulho que produz com as asas faz grande efeito sonoro e, além disso, ela forma bandos para alimentar-se, muitas vezes causando prejuízos nas plantações.

Para escrever minha redação, escolhi um tema em que a protagonista era a pomba-preta, atuando como um símbolo do paradoxo dos tempos atuais, que expressam conflito entre a natureza selvagem e os espaços de concreto das grandes cidades. A pomba-preta sai da natureza pura e voa até os espaços de cimento, distantes da graça e da energia das matas e dos campos vivos. Cria, com isso, uma linha de ligação e um ponto de reflexão.

Escolhi o título: "Progresso sem olhar para os lados". Quer dizer, se o progresso só olha na direção do lucro rápido, então o mundo ao redor dos seres é esquecido. Visa-se somente à matéria, deixando-se de lado o meio ambiente. Numa interpretação ainda mais extensiva, pode-se entender também o comportamento das pessoas que se vendem por migalhas materiais e esquecem o resto do mundo à sua volta. Nietzsche denominaria tais pessoas de *rebanho*, embora na época eu não conhecesse o filósofo. Perdem-se amizades de toda uma vida, perspectivas espirituais, paz de espírito, enfim, abandonam-se os encantos múltiplos de um mundo sem fim para ater-se somente a uma glória pueril. Como se não bastasse, a natureza reclama do seu jeito.

No dia em que terminei a redação, notei uma coisa incomum. Minha mãe havia lido o texto e rabiscado alguma coisa para ela mesma. Leu novamente a redação e ficou reflexiva. Ela não falou nada. Julguei que realmente tinha gostado do que eu havia escrito.

Contei o número de linhas: 30. Mesmo tendo ultrapassado 10 linhas do limite estabelecido pela Professora Francine, deixei o texto como estava e entreguei-o a ela. Depois que ela fizesse a correção, eu havia planejado perguntar como eu deveria fazer para deixar o texto no limite de 20 linhas.

A professora entrou na sala e começou a fazer a entrega das redações. Entregou a redação dos 44 alunos, exceto a minha. Foi então que ela começou a falar para a turma:

— Quem é Carlos Roberto Bacila?

Levantei a mão.

— Gostaria que o senhor me dissesse: de quem copiou este texto?

— Professora, eu não copiei o texto de ninguém. É meu escrito.

— Ora, mocinho, quero que você saiba que eu leciono também na universidade. Mesmo os meus melhores alunos não escrevem em um nível deste. E você ainda nem é universitário. Só quero saber de quem você copiou o texto. Este é o estilo de um escritor profissional.

Embora eu jurasse que o texto era meu, explicando meu conhecimento sobre a natureza e a ligação que pretendi fazer com o mundo do concreto, nada amoleceu o coração da professora! Novamente a acusadora não conseguia me indicar o "autor" que eu teria plagiado. É que, pela segunda vez na minha vida, eu copiava algo de mim mesmo, do meu ser mais profundo.

Não fiquei chorando pelos cantos, continuei minha vida. Aparentemente em nada isso me abalou. Ao menos externamente não. Eu mesmo estava convencido de que havia superado o incidente.

O ponto aonde quero chegar é este: não importa o que aconteça, não se abale com as críticas injustas, utilize-as como energético para o seu sucesso.

É preciso ver o lado positivo de tudo: tive excelentes professores, devo muito do que aprendi a todos eles. Mesmo que a professora tenha cometido um erro, isso não me fez admirá-la menos. É uma professora brilhante por quem tenho respeito até hoje. Talvez o episódio tenha ocorrido para o meu aprendizado, para que eu reagisse de maneira a superar mais um obstáculo e prosseguir.

O vento do Norte fez os *vikings*...

Sintetizando

Se você está encontrando dificuldades, acredite, elas vão fortalecê-lo.

- **Domínio da turma**
  - Promova um espírito solidário entre todos.
  - Esteja tranquilo quando entrar na sala de aula.
  - Converse com os(as) alunos(as) com naturalidade, valorizando suas observações.
  - Trate todos com igualdade: não tente adivinhar quem serão os(as) brilhantes, todos têm direito de igual dedicação.
  - Atenção: não espere que todos ajam de maneira "normal".

Em ação

Procure um exemplo no seu passado no qual um acontecimento que você julgava ruim acabou mostrando-se positivo no futuro. Se as coisas acontecem assim, por que nos preocuparmos tanto com os momentos ruins?

NÃO DEIXE DE LER!

HEMINGWAY, E. **O velho e o mar**. 15. ed. Tradução de Castro Ferro. Rio de Janeiro: Civilização Brasileira, 1973.

Nesse clássico mundial, o autor nos mostra como é ser diferente e navegar em águas mais profundas.

Décima aula
Obtendo reconhecimento

Qualidades do professor

Quarta-feira à noite era dia de campeonato brasileiro e lá estava eu no estádio, pronto para assistir a mais um jogo. Estava ao lado dos meus amigos quando um deles, o Eliot, gritou para alguém que estava nas cadeiras de baixo e o chamou para ficar conosco. Seu nome era Alfonso. Quando Alfonso se aproximou, Eliot disse:

— Gostaria de te apresentar um amigo, Bacila.

— Não é o professor de Direito Penal Carlos Roberto Bacila, é?! — perguntou Alfonso admirado.

— É ele mesmo — respondeu Eliot.

— Pois queria que o senhor soubesse de uma coisa — disse Alfonso. — Durante os cinco anos do curso de Direito, meu filho Remo falava sobre suas aulas. Na verdade, ele dizia que suas aulas eram tão boas que só por poder assistir a elas o curso já valeu a pena.

Fiquei meio sem jeito. Eliot então comentou que já ouvira vários comentários sobre a qualidade de minhas aulas. Eu me senti muito feliz e refleti sobre o assunto, tentando perceber se eu tinha noção da influência que exerce sobre os estudantes. Eu sabia que os indícios eram bons, principalmente porque pessoas de outras turmas e até de outros cursos apareciam com certa frequência para assistir às aulas. Quando eu era escalado e abria uma turma de Criminologia, a correria era grande e a turma lotava com lista de espera. Estimava que recebia, em média, duas propostas por mês para lecionar em cursos permanentes ou temporários em outras instituições.

Então, Alfonso comentou:

— Remo entusiasmou-se tanto por suas aulas que agora pretende ser professor. Que qualidades você acredita que um bom professor precisa ter?

Falei para Alfonso, como se eu estivesse em sala de aula:

— 1) Conhecimento. 2) Didática. 3) Titulação.

E expliquei:

— O **CONHECIMENTO** faz com que os alunos fiquem confiantes no professor e vice-versa. Depois das duas primeiras aulas, os alunos fecham os *laptops*, deixam de fazer perguntas baseadas no Google para tentar surpreender o professor e passam a concentrar-se na matéria, exclusivamente, com mais seriedade. Minhas aulas são simples, pois procuro observar bem o nível de estudo em que se encontram os ouvintes, mas gosto quando querem se aprofundar na matéria e me perguntam coisas mais complexas. Isso possibilita o detalhamento e outras explicações sobre o tema. Gosto de ver a expressão no rosto das pessoas quando a pergunta difícil aparece e, à medida que vou respondendo bem, começo a causar certo assombro. Gosto de ver o ar de surpresa dos rostinhos. Mas, se tiver uma pergunta que não sei, simplesmente digo que farei uma pesquisa e trarei a resposta na próxima aula. Sem problema nenhum. Na aula seguinte, inicio respondendo a pergunta. Conhecimento não se resume a um jogo de perde ou ganha; trata-se de uma poderosa ferramenta que se disponibiliza para almas que têm sonhos.

Fui então para o segundo aspecto:

— Para o professor, de nada, absolutamente nada, vale o conhecimento sem **DIDÁTICA**. Professores de verdade não falam para si, falam para os outros. Para falar para o outro, é preciso ver o outro como se fosse o outro. O exercício mental de preparo da aula que faço é o seguinte: se eu fosse o outro, a) como eu poderia entender esta matéria?; b) qual seria a aplicação prática do tema?; c) como este assunto poderia ser útil para a minha vida?

E continuei:

— Bem, também tem as coisas elementares: a) mudar constantemente o tom de voz; b) falar com clareza; c) ser dinâmico; d) usar um vocabulário acessível; e) apresentar constantemente exemplos ilustrativos; f) ser bem-humorado, sem exagero; g) ser respeitoso etc.

Uma boa técnica para auxiliar o aprendizado consiste em relembrar no final da aula os pontos estudados. Além disso, para ter boa didática é preciso gostar do seu público, ser verdadeiro, ter um bom sentimento para com as pessoas, querer internamente fazer algo bom. Os estudantes querem fugir da sala se o professor: a) não gosta deles e se acham que ele irá enganá-los; b) é prolixo, fala difícil, é arrogante e considera as perguntas dos alunos estúpidas (perguntas sempre conferem oportunidade para elucidar melhor a matéria – nunca são estúpidas, repito, nunca são estúpidas); c) fala somente abstrações, coisas hipotéticas e sem nexo com a realidade ou mecanicamente expostas.

Cheguei então ao terceiro aspecto:

— **Titulação**. Ser especialista, mestre e doutor é importante para a instituição de ensino porque a valoriza diante dos órgãos federais de avaliação e controle. Somente esse fator já é o bastante para regular o salário do professor, na medida de sua titulação. Escrever artigos em jornais, revistas ou livros e participar de eventos na qualidade de aprendiz ou de conferencista também melhora o currículo e colabora com a autoestima do docente. A passagem pela academia mostra que o professor está apto a debater em nível elevado e submeter-se ao crivo de pessoas que podem criticar favoravelmente ou não o seu pensamento. Nesse aspecto, o amadurecimento está em reconhecer quando a crítica é procedente ou, então, simplesmente aceitar que existem outros pontos de vista. Querer impor o seu pensamento a qualquer custo, em debates de alto nível, é o mesmo que pretender ser o detentor de todo o conhecimento – missão impossível.

Reflexivo sobre o que eu havia falado, Alfonso ponderou:

— Assim como é difícil encontrar bons jogadores, são raros os bons professores. Acima de tudo, qual é a grande motivação para um professor exercer sua profissão?

— Ser um apaixonado pelo magistério. Mas, se por acaso o magistério não agrada tanto e o profissional precisa manter o emprego para sustentar-se, então deve aprender a gostar do que faz. Nesta última hipótese, se lecionar é apenas um meio de vida, deve-se arrumar mecanismos de justificativa para exercer com dignidade o magistério.

Na manhã seguinte, entrei na sala para ministrar a aula do segundo horário. Os alunos haviam apagado o quadro da aula anterior, colocado um doce na mesa e um bilhete gentil. A aula estava prestes a começar.

Sintetizando

Para obter reconhecimento, invista na sua carreira.

METAS DO(A) PROFESSOR(A)

- Conhecimento
- Didática
- Titulação

Fundamental: TER ALMA

Em ação

Estabeleça um projeto pessoal de progresso profissional a curto (fazer uma especialização, proferir palestras, escrever artigos etc.), médio (fazer um mestrado, aprender um idioma, participar de um grupo de estudos) e longo prazo (fazer um doutorado, escrever um livro, elaborar um projeto de pesquisa).

Não deixe de ler!

CHALITA, G. **Mulheres que venceram preconceitos:** mulheres célebres que trouxeram e trazem benefícios à sociedade. Rio de Janeiro: Imagem, 1996.

Nesse livro, o autor apresenta várias biografias de mulheres que foram exemplos para a humanidade.

Décima primeira aula
Rompendo a barreira do som

A importância da oratória

No ano de 1975 nevou em Curitiba. O gramado de nossa casa ficou branco, coberto pela neve que encantou a cidade do sul. Curitiba é conhecida por apresentar num único dia as quatro estações do ano. Chuva, frio e calor comumente são experiências que se sucedem em questão de horas. Mas nossa geração nunca havia presenciado a neve antes.

A cidade também é caracterizada nacionalmente pelo temperamento frio da maioria de seus habitantes. Para que o leitor tenha ideia do que estou falando, existe uma crença no sentido de que, quando se quer testar um produto ou uma peça teatral para ver se serão bem-sucedidos no restante do país, o lançamento é feito em Curitiba, porque, segundo consta, se o exigente povo curitibano aceitar o produto ou a peça, a aceitação em todos os outros lugares estará garantida.

O fato é que isso demonstra o quão difícil é receber aprovação pessoal nesta cidade. Crianças e adolescentes também são fustigados com a desaprovação no dia a dia. E, como sabemos, o ser humano é sedento de aceitação social. Isso explica por que muitas vezes alguém adere a um grupo criminoso – simplesmente porque somente no crime ele acredita encontrar reconhecimento humano. O historiador Brasil Pinheiro Machado escreveu certa vez sobre o paranaense (o que serve especialmente para o curitibano): sua característica é a incaracterística. Ouso fazer uma ironia com o próprio nome do escritor: Brasil, Pinheiro, Machado nele!

O escritor Dalton Trevisan (1999, p. 42), numa paródia da *Canção do exílio*, escreveu o seguinte:

Não permita Deus que eu morra
Sem que daqui me vá
Sem que diga adeus ao pinheiro
Onde já não canta o sabiá
Morrer ó supremo desfrute
Em Curitiba é que não dá

Tendo nascido em Curitiba, sei que, se eu for falar das coisas boas, escreveria um livro todo. A UFPR (Universidade Federal do Paraná), o Parque Barigui, o Teatro Guaíra e a Arena da Baixada não vão mudar-se de Curitiba. Então, tenho de ter um pé sempre lá, assim como outros curitibanos. Mas eu também posso construir uma cidade diferente do rótulo e fazer a história ser outra. É preciso ter autocrítica e reconhecer aspectos que podem ser melhorados e que são obstáculos à vida em qualquer lugar do mundo. Afinal, a araucária leva mais tempo para se formar do que o pínus.

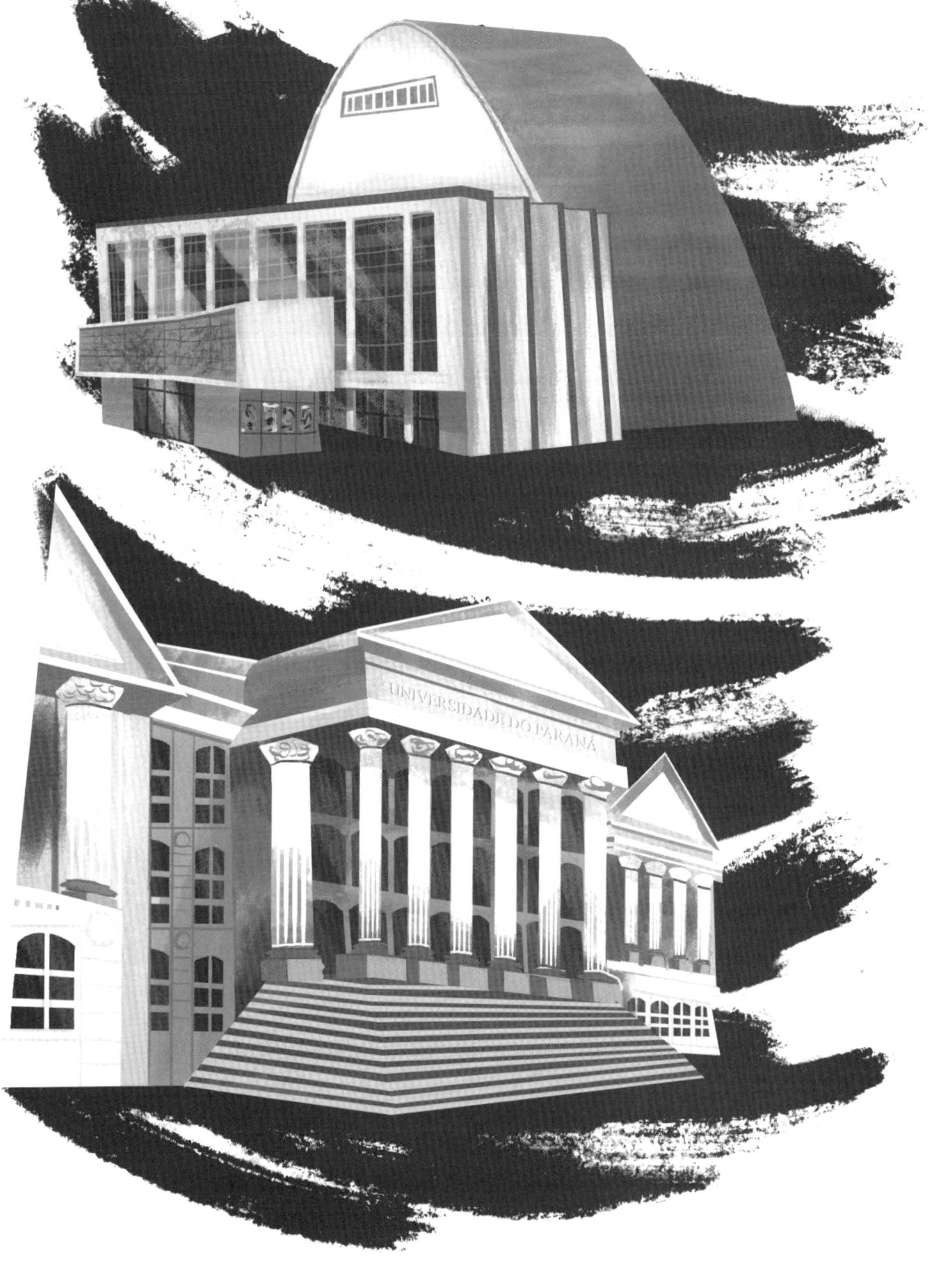
UNIVERSIDADE DO PARANÁ

Mesmo que eu estudasse razoavelmente, não era fácil competir por visibilidade em meio a estudantes que seriam aprovados no ITA (Instituto Tecnológico de Aeronáutica) ou disputavam os primeiros lugares de seus cursos. O meu maior feito por notas foi conseguir a sétima colocação geral num dos provões que reuniam todas as turmas. Outra façanha que protagonizei, somente notada pelo professor de Física, é que nessa disciplina eu era o único aluno que tinha média em todos os bimestres. Isso se devia ao equilíbrio que eu aprendera a sustentar desde criança, desde o primeiro dia de aula em que me recusei a pintar o ursinho do jeito dos outros, mas sobrevivi à lição. Como sempre, administrava as notas para passar adiante ao próximo período.

As bagunças iam até o limite tolerável. Uma das minhas diversões era fazer imitações. Quando o professor virava para o quadro-negro, eu imitava um colega ou outro da turma. O professor virava para a turma e começava a discutir com o colega e mandava-o ficar quieto. Virava para o quadro e eu continuava a imitação.

— Mas professooooooooor, o senhor está completamente errado sobre a gramática!

— Fica quieto, Remo — dizia o professor. — Que besteira que você está falando, não diga mais nenhuma palavra!

— Professoooooooor, esta matéria não tem importância nenhuma para ser estudada!

— Remo! Você é muito chato! Está perturbando a minha aula. Se falar de novo, vai pra fora.

— Mas professoooooor! Eu quero falar mais! Eu adoro falar!

— Remo!...

E a coisa continuava até o professor perder completamente a paciência. A turma toda sabia o que estava acontecendo, exceto o professor. Acontecia uma catarse na sala. Alunas e alunos riam compulsivamente sem conseguir parar. Um aluno não aguentou e deitou no chão sem parar de rir. Não posso descrever tudo. Simplesmente não posso.

Essas artes me tornavam um tanto quanto popular, mas eu sabia que poderia fazer algo mais consistente. No fundo, eu gostaria de uma consideração mais séria dos meus colegas. Então, sem saber exatamente por que razão, decidi concorrer à eleição para representante de turma. Para ter chances, eu sentia que precisava falar melhor em público, sair da normalidade, conseguir comunicar-me melhor com a palavra falada. Essa decisão modificaria minha vida, principalmente pelo motivo que descreverei agora.

A Rua XV de Novembro, também conhecida como *Rua das Flores*, a primeira rua exclusivamente para pedestres do Brasil, é a rua que liga a UFPR com o Teatro Guaíra e o antigo prédio do Colégio Santa Maria, que, no ano seguinte, mudaria para um complexo novo no Parque São Lourenço. Era uma bela manhã e eu caminhava tranquilo pela Rua XV quando decidi parar para olhar a vitrine de uma livraria. Observei um livro cujo título era *Como falar em público e influenciar pessoas no mundo dos negócios*. Entrei na loja e adquiri um exemplar, que eu devorei.

Conforme eu descobriria duas décadas depois, tratava-se do livro que mudou a maneira de o mundo expressar-se. Sei disso porque pesquisei nove anos para escrever a biografia do autor dessa obra, Dale Carnegie. Dediquei um capítulo inteiro da biografia de Carnegie à intenção de demonstrar o quão revolucionários foram os conceitos dele sobre a oratória. Ao lê-lo, eu havia me preparado para enfrentar o público. Quando estamos prontos, a oportunidade aparece.

O colégio estava todo envolvido com a semana das profissões, evento que visava informar os alunos sobre aspectos centrais de diversas atividades profissionais, possibilitando, com isso, uma melhor escolha pessoal para a futura carreira. Alguns dos maiores expoentes da engenharia, do direito, da medicina e de outras áreas fariam suas palestras para as turmas reunidas.

Na palestra sobre medicina, um médico, que denominaremos de Almíscar, apresentou-se sem nenhuma humildade, afirmando que a medicina era, sem dúvida, a profissão mais importante do universo. A maioria das pessoas não prestaria o concurso para medicina e um silêncio frustrante se abateu sobre todos, inclusive sobre os professores e os coordenadores. Levantei o braço pedindo a palavra. O médico antecipou-se:

— Ora, temos aqui uma pergunta. Muito bem, qual é a sua dúvida, meu jovem?

— Achei muito interessante sua conclusão no sentido de que a medicina é a profissão mais importante.

— Oh, isto é um fato notório.

— Então, ocorreu-me uma hipótese de verificação. Se o senhor, Dr. Almíscar, fosse acusado injustamente por um crime e, sabendo da sua completa inocência, mesmo assim tivesse contra si decretada uma pena capital... E, ainda, se nos momentos derradeiros, próximo do corredor da morte, fosse agraciado com a possibilidade de encontrar-se com um advogado glorioso, que pudesse arrancá-lo da morte indigna e prematura que a sociedade quer lhe impingir, salvando-o para a vida e a honra resgatada, então, para o senhor, Dr. Almíscar, naquele momento, qual seria a profissão mais importante?

E prossegui:

— Para quem está padecendo de sede há dias no deserto, a água é salvadora, mas oferecer um copo de água para quem está se afogando no rio pode ser sua perdição. O bem e o mal são contingenciais, assim como a importância ou não de uma determinada atividade: depende da necessidade.

Um rumor grande atingiu o recinto e uma forte salva de palmas ecoou inesperadamente. O Dr. Almíscar havia sido abatido pela falta de humildade. Nada do que ele dissesse faria diferença. Um engenheiro eletrônico que falou logo em seguida elogiou meu aparte e ressaltou que havia um aparelho cirúrgico que era empregado pela medicina para salvar vidas e que fora produzido... por um engenheiro eletrônico.

Eu estava satisfeito com minha manifestação, mas não esperava o que aconteceria depois. Formou-se um grupo de professores e alunos à minha volta, alguns me eram desconhecidos.

— Cara, o que foi aquilo! Você colocou o Dr. Almíscar no seu devido lugar. Não sabia que falava tão bem...

Anos de repressão escolar que eu vivera haviam ficado para trás e não tinham mais nenhuma força sobre mim. Naquele momento, percebi que eu poderia cuidar do meu próprio destino, sem mais depender de insignificantes desdéns daqui e dali. O passado era o passado. Por mais que as pessoas medíocres tentassem impor um mundinho preconcebido para mim, elas não teriam poder se eu não permitisse e seguisse o meu próprio caminho. Se fizesse do meu jeito...

Eu estava arrancando um reconhecimento social. Passei a ser respeitado no colégio pelas minhas habilidades e competência. A bagunça passou a fazer parte apenas do meu estilo. O jogo pode virar para melhor a qualquer momento, e virou. É preciso persistir mesmo. Persistir! Persistência! Era uma palavra nova no meu dicionário. Mas ela faria parte do meu repertório dali para a frente. A nova força era muito maior! Os problemas não mais poderiam me atingir! Nunca mais! Porque eu sempre posso persistir!

Fui eleito representante de turma. No ano seguinte, aproximando-se a formatura, venci a disputa para orador de todas as turmas. Lalos, o aluno queridinho das autoridades e que tirava as notas mais altas, veio falar comigo.

— Como foi que você conseguiu ser orador? Passei a vida toda esperando para ser o orador da turma, e agora você conseguiu?

— Sorte, meu caro. Sorte!

Lacrimejando, Lalos disse:

— Não vá ficar nervoso na hora do discurso.

— E você, não vá chorar de novo!

Aprender a falar em público aumenta a autoconfiança. O professor que aprimora a oratória melhora a comunicação em sala, estabelece uma comunicação eficiente com os alunos e aumenta a autoestima.

Sintetizando

Para comunicar-se bem com os alunos, invista no aprimoramento da oratória. Para ter sucesso em seus objetivos, persista!

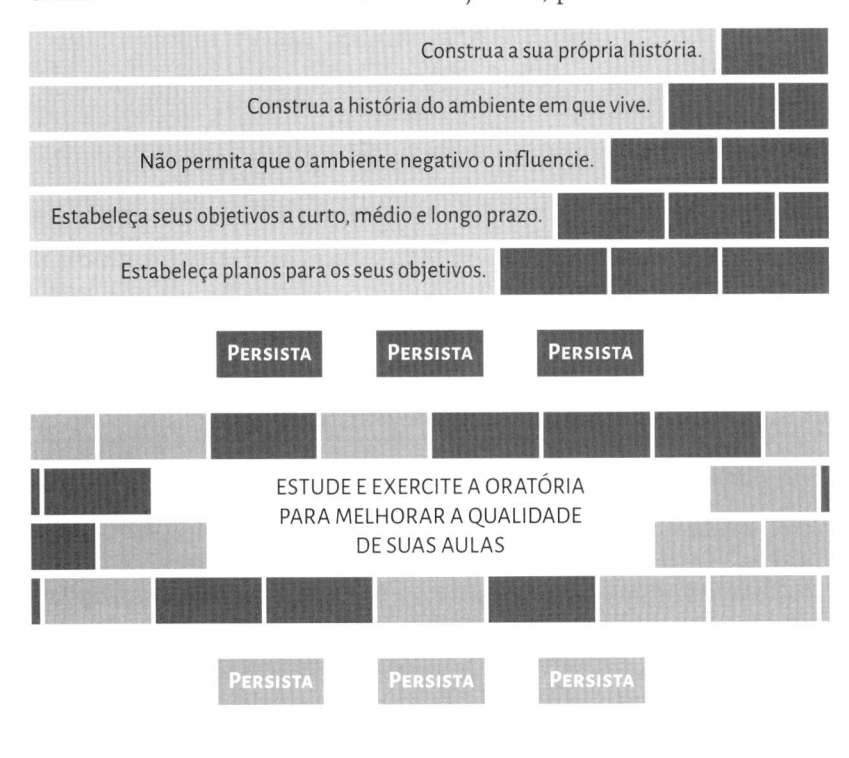

- Construa a sua própria história.
- Construa a história do ambiente em que vive.
- Não permita que o ambiente negativo o influencie.
- Estabeleça seus objetivos a curto, médio e longo prazo.
- Estabeleça planos para os seus objetivos.

Persista **Persista** **Persista**

ESTUDE E EXERCITE A ORATÓRIA PARA MELHORAR A QUALIDADE DE SUAS AULAS

Persista **Persista** **Persista**

Em ação

Leia o sétimo capítulo do livro *A vida de Dale Carnegie e sua filosofia de sucesso* (2012), de minha autoria. Aponte três itens que você pode melhorar em sua oratória. Aplique-os em suas aulas. Verifique o progresso.

Não deixe de ler!

CARNEGIE, D. **Como falar em público e influenciar pessoas no mundo dos negócios**. 25. ed. Tradução de Carlos Evaristo M. Costa. Rio de Janeiro: Record, 1993.
Esse livro revolucionou a oratória mundial e pode revolucionar sua vida também.

Décima segunda aula
Simplificando ainda mais

Roteiro de uma aula segura

Entrei na sala e fiz a saudação de costume para dar início à aula de Criminologia. Essa disciplina pode ser traduzida como a sociologia do crime, isto é, o estudo de aspectos reais que estão envolvidos na criminalidade, desde os fatores motivadores do indivíduo que pratica a conduta considerada criminosa até a sociedade que contribui para o crime e define e manipula (muitas vezes) o conceito de *criminoso*.

A aluna Drusila perguntou-me em que consistia a tese dos estigmas como metarregras que desenvolvi no livro *Estigmas: um estudo sobre os preconceitos* (2008). Naquela ocasião, decidi resumir todo o livro em uma única aula[1].

No entanto, naquele momento não revelei algumas simbologias que foram empregadas durante a aula. Uma delas é o tema "Um café para Cecília e Eliot". O café caracteriza a energia no diálogo, porque é energético e traz a perspectiva de uma nova visão. Conforme comentaremos mais adiante, a maioria das vezes que estudantes provocam *bullying* é porque receberam educação estigmatizadora de seus responsáveis ou do meio em que vivem. Por outro lado, administradores e professores sentem dificuldade em lidar com as diferenças dos

---

[1] A aula mencionada, reproduzida na sequência, foi publicada originalmente no livro *Estigmas: um estudo sobre os preconceitos* (Bacila, 2008), em uma edição já esgotada.

alunos, deixando de inovar em técnicas pedagógicas mais eficazes porque temem as reações sociais.

Outro fato que também não revelei durante aquela aula é o de que a narrativa reproduzida adiante foi inspirada em minha experiência na infância e na adolescência. Portanto, Eliot narra fatos que ocorreram comigo, e a partida de futebol na praia, mencionada na história, foi descrita da maneira mais fiel possível à realidade. É isso mesmo, a partida ocorreu exatamente do jeito que ela foi narrada na aula.

Por outro lado, Cecília, a moça que conversa com Eliot, representa os estudos e as descobertas que efetuei sobre os estigmas, mas também simboliza a reflexão estabelecida com a própria consciência. Conforme se verá, numa simples história, muitos enigmas podem estar ocultos e ávidos para serem debatidos pelos alunos e pela sociedade. Assim, comecei a aula em torno do café – um café para Cecília e Eliot.

Eliot colocou a xícara de café sobre o balcão, fazendo exalar uma fumaça que parecia uma pequena névoa. O aroma saboroso trouxe-lhe lembranças da infância, quando se despedia da mãe com um beijo rápido e arrancava para pular o portão e correr até o terreno onde estavam seus colegas.

Os times começavam a ser formados com o sorteio do lado do campo pelos dois capitães e a escolha dos jogadores revezadamente. Todos os dias as brincadeiras de rua variavam, mas acabavam culminando numa partida de futebol. Eliot crescera jogando nos times da rua, da escola e das praças públicas. Ele gostava tanto do esporte que passava metade do dia inventando treinos especiais, como chutes de bola na parede ou jogos com bolinha de tênis para aprimorar a técnica. Eliot soube, com o passar do tempo, que tinha um dom especial para o jogo, e os treinamentos contínuos fizeram com que ele desenvolvesse um estilo singular. Não era perfeito, não gostava de disputar jogadas violentas, não cabeceava tão bem para o gol e não gostava de ajudar na marcação. Mas era só do que se poderia reclamar, pois era um artilheiro nato que comumente fazia gols em todas as partidas, dignos dos melhores craques; passava a bola com maestria, fazia lances criativos, chutava com os dois pés e tinha um carisma para armar as jogadas decisivas, que só não eram compreendidas por alguns jogadores que faziam parte da sua equipe.

Mas, por um motivo qualquer, Eliot não se tornou um jogador de futebol profissional. Ele seguiu a carreira do pai, ou seja, tornou-se um empresário. Seu sonho de criança não se realizara e transformara-se, num certo aspecto, de um campo gramado de futebol repleto de momentos emocionantes em uma sala de escritório. Ele parou de jogar e deixara adormecido um lado forte de sua existência.

Por enquanto, Cecília só o observava em mais um daqueles voos distantes de tudo. Provara um café também e, pouco depois, ouviu a pergunta de Eliot, como sempre proveniente das profundezas:

—Cecília, você já notou que os adultos não se comportam com a simplicidade dos moleques de rua? As pessoas crescidas usam regras práticas cuja natureza eu não compreendo. Por exemplo: Por que as pessoas que moram em um bairro mais rico da cidade referem-se aos moradores de regiões mais pobres com menosprezo, atribuindo-lhes qualidades ruins, como a de criminosos, sujos ou vagabundos? Já os moradores dos bairros pobres acusam a si próprios e à sua sorte de infelizes, alimentando uma angústia em relação a si mesmos e uma raiva dos mais ricos.

Cecília largou o café no balcão e indagou-lhe:

— Eliot, o que fez você pensar sobre isso agora?

Como que esperando a reação de Cecília, Eliot continuou:

— Vivi a maior parte da minha infância e adolescência numa rua em que todas as crianças brincavam juntas. Não éramos separados por cor, sexo ou religião. Nem por sermos pobres ou ricos. Acho que as pessoas valem pela sua história conquistada com valor, e não pela eventual marca exterior. A convivência com as diferenças era absolutamente normal. Tínhamos as nossas divergências, mas elas não consistiam em estigmas. É claro que, com o passar dos tempos, alguns amigos perderam essa força e perderam-se dos amigos. Mas era preciso persistir. O mundo descortinava-se para nós com grande simplicidade, pois não faziam sentido as discriminações entre as pessoas, não para a nossa rua. Separamo-nos porque cada um precisava seguir seu caminho. Será que sempre existiram pobres e ricos? Quer dizer, no princípio, na vida antiga dos nossos avós mais distantes? É preciso ter um começo para tudo. Você já refletiu sobre isso, Cecília? As pessoas adotam algumas ideias, certas ou erradas, e começam a empregá-las com frequência. Isso parece funcionar tanto para o bem quanto no caso de graves equívocos, como ocorre com o tratamento discriminatório.

— Algumas pessoas pobres são inseguras por serem desfavorecidas economicamente e por serem tratadas de forma diferente, e alguns ricos apresentam uma soberba particular. Há certa energia que separa o espaço social de pobres e ricos — concluiu Cecília.

Eliot provou mais um gole de café e ponderou:

— Mas não tenho certeza de que o juízo que se faz de pobres e ricos seja da natureza das coisas. Penso que não é inevitável o tratamento diferente, porque, se você pensar bem, as pessoas não precisam se tornar diferentes porque ganham mais ou não. Quando jogávamos futebol, não ficávamos perguntando para os parceiros de time se eles eram ricos ou pobres para terem a preferência de jogar, simplesmente todos jogavam. Mas, com o passar do tempo, muitos perderam essa simplicidade, embora acreditem, enganados, que isso tem razão de ser.

Cecília misturou com a colher o açúcar no café e começou a interessar-se mais pela discussão:

— No século XX os nazistas dominaram a Alemanha para expulsar e massacrar judeus e estrangeiros e todos aqueles que não fossem descendentes de uma certa concepção de raça alemã. Se essa monopolização ocorreu em toda uma nação, um projeto racista, provavelmente é porque se buscou subsídio em algum discurso. Após tanto tempo decorrido do período de escravidão de nações africanas que forneceram mão de obra gratuita para as colônias europeias, ainda subsistem as agressões aparentes e dissimuladas de brancos contra negros. E os indígenas (pioneiros) americanos continuam a ser tratados como tolos. Por que tanto desrespeito?

— A Penélope rejeitou o namorado só porque ele não era adepto da religião dela — acrescentou Cecília.

— E ela, também, não encontra igualdade no que se refere ao sexo — comentou Eliot. — Pois as mulheres recebem menos que os homens para ocupar os mesmos cargos e são tratadas informalmente com inferioridade, embora juridicamente, em muitos países, já tenham conquistado a igualdade das leis.

Cecília aprofundou o olhar na forte cor do café:

— Será que é possível descobrir um fator comum na discriminação social que sofrem o pobre, o religioso, o negro, o estrangeiro, a mulher, o criminoso, o viciado em drogas, o deficiente mental ou o anoréxico? E, mais, nas discriminações rotineiras: das pessoas que frequentam um clube em relação às que não fazem parte do clube; daqueles que têm cabelos em relação aos que não os têm; daqueles que têm estatura média relativamente aos baixos, aos altos ou aos obesos; daqueles cujos filhos estudam na escola A em relação àqueles cujos filhos estudam na escola B; dos universitários em relação aos que não terminaram o ensino médio; daqueles que tiraram nota dez em relação aos que tiraram nove e meio ou três...

— Se nós encontrássemos esse fator comum — respondeu Eliot —, então poderia existir também um projeto comum, que abrangesse tanto aquele que tem preconceitos quanto aquele que é rejeitado socialmente.

Eliot e Cecília seguraram as xícaras e tocaram uma na outra, brindando aquele diálogo interessante e fazendo lembrar a concepção de Einstein de que um corpo que se desloca no espaço desloca o próprio espaço... O mal que aflige um ser também atinge a todos! Na semana seguinte, Eliot foi visitar seus amigos na praia de Gaivotas. Num certo momento, antes de chegar ao seu destino, estava caminhando sozinho na areia, quando ouviu uns gritos, chamando por ele.

— Ei, rapaz, falta um jogador para completar o time, você quer jogar com a gente?

Após um longo período sem praticar, Eliot juntou-se ao time e começou a jogar. Mas o time em que ele entrou não era uma equipe comum. Eliot surpreendeu-se porque todos pareciam estar juntos há muitos anos e não um time que havia se reunido ali pela primeira vez. Os passes eram perfeitos, as jogadas eram sincronizadas e os gols começaram a sair. O ambiente fez com que Eliot também acertasse suas jogadas de outrora, mas elas estavam ainda melhores.

Algo mágico estava no ar. Ele também fez seus gols. Um time perfeito! Então isso era possível! Ninguém se conhecia, mas as coisas funcionavam, havia entrosamento pleno. Era simplesmente o jogo da sua vida, algo que ele sonhara quando criança, mas em que agora, adulto, já não acreditava mais. Um jogo que parecia estar sendo jogado no céu, mas ele estava ali, em carne e osso. Placar final: 9 × 0. E ele marcara quatro gols, fazendo com que os colegas o cumprimentassem e entendessem que a escolha de um estranho tinha sido acertada. Por outro lado, para Eliot, eles também eram estranhos, mas mesmo assim ele quis arriscar.

Os jogadores do time se cumprimentaram cordial e serenamente e todos foram embora. Ele não conhecia ninguém, nem mesmo sabia seus nomes. Todos sumiram na areia. Ele estava estupefato. O jogo dos jogos! O jogo de sua vida! Um jogo para o qual não perguntaram a cor dos jogadores, o estado civil, o rendimento ou a religião. Nem mesmo quiseram saber se um deles estava morrendo de câncer, aids ou tuberculose ou se já haviam praticado algum delito. Todos estavam lá naquele dia. A única possibilidade de se jogar o jogo da vida. E ele o havia jogado. Um jogo entre estranhos...

As gaivotas bateram asas e voaram na direção do mar.

Nessa história, baseada num diálogo entre Eliot e Cecília, reproduzi a forma de estudar de que se utilizavam filósofos como Sócrates e Platão. A história trata dos preconceitos de maneira muito simples: quando Eliot e Cecília eram garotos, não discriminavam e não eram discriminados. A narrativa ilustra o que teria sido a origem da humanidade, quando não havia preconceitos. À medida que as pessoas que integram a sociedade passam a interagir, os preconceitos surgem de forma aleatória e sem razão. E os conflitos sem motivo prejudicam a sociedade. As regras falsas, que são os estigmas, interferem no progresso social e na dignidade humana.

Ao transformarmos temas teóricos em histórias simples, os estudantes compreendem as mais importantes mensagens para reflexão. Se você for compreendido, terá feito cada minuto dentro da sala valer a pena. Se falar difícil o tempo todo e os alunos não tiverem acesso à sua linguagem, perderá todo o tempo da aula e os alunos também. E você não será perdoado por isso. Ninguém sentirá saudade de ter passado uma aula toda sem nada entender.

Sugiro que se comece de maneira simples. Somente depois, na sequência, é que os assuntos mais complexos podem ser tratados. Para finalizar a aula, simplifique novamente.

SINTETIZANDO

Para uma aula eficiente, comece e termine de maneira simples. Se o assunto for complexo, encontre meios de simplificá-lo.

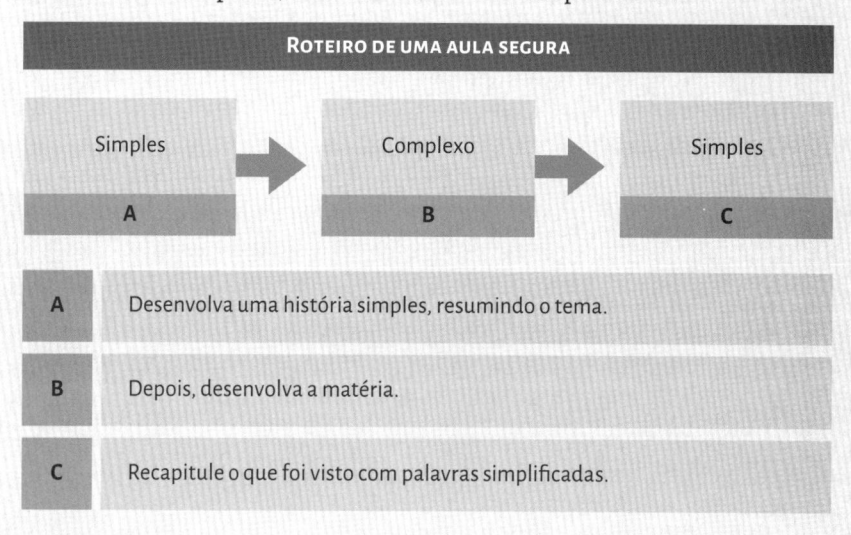

ROTEIRO DE UMA AULA SEGURA		
Simples →	Complexo →	Simples
A	B	C

A	Desenvolva uma história simples, resumindo o tema.
B	Depois, desenvolva a matéria.
C	Recapitule o que foi visto com palavras simplificadas.

EM AÇÃO

Em sua próxima aula, escolha um ponto complexo de sua exposição e encontre uma forma simples de explicá-lo.

NÃO DEIXE DE LER!

BACH, R. **FERNÃO CAPELO GAIVOTA**. Rio de Janeiro: Record, 2001.
> Esse livro ensina como se pode voar. Para Fernão, as imponderabilidades são ponderáveis, e voar mais alto pode ser o destino final. Com isso, o autor revela alternativas à mediocridade.

Décima terceira aula
Fazendo concurso público

O erro como método de aprendizado

Eu tinha meus 20 anos de idade. Abri um verbete de uma enciclopédia e li algo que me fez ficar arrepiado: existem alunos hiperativos, outros que são mais passivos, outros que são mais abstratos, outros que são voadores... e, portanto, alunos de um determinado perfil não devem receber o mesmo método de ensino que alunos com outras características recebem. Isso não seria adequado. Existem alunos e alunas diferentes, que, assim, precisam ser expostos a formas de ensino também diferentes.

Como é que é?! Então, quer dizer que pode ser que eu não estivesse errado todo esse tempo! Pode ser que o método certo para os outros não fosse próprio para mim! Essa descoberta pareceu algo muito singelo, óbvio mesmo, mas não era a mensagem que eu havia recebido dos educadores. A mensagem era muito clara: havia algo de errado comigo por eu não me comportar como estava escrito no roteiro – eu não era um aluno bonzinho que reagia igual aos outros ao que me falavam. Isso estava bem claro.

O fato é que agora, na época da faculdade, em vez de ficar fazendo piadas, eu dormia muito durante as aulas. Tinha muito sono mesmo. Chegava até a elaborar estratégias para parecer que estava prestando atenção à aula. Embaçava os óculos, colocava um livro na carteira e, apoiando a cabeça sobre os ombros e os braços, dormia.

Um dia o professor de Direito Empresarial descobriu o que eu estava fazendo e perguntou:

— O aluno lá na última carteira! O que você acha deste instituto que acabamos de comentar?

Os colegas me acordaram.

— Desculpe, professor, perdi o final da pergunta.

— O que você acha da sociedade por cotas de responsabilidade limitada?

— Mestre, ainda não formei uma opinião sobre essa sociedade...

Mas eu sempre acabava surpreendendo colegas e professores. Os colegas já desconfiavam da minha apatia estudantil, porque eu acabava mantendo a média, isto é, fazia as provas e os resultados que conseguia "davam para o gasto". Ia improvisando e improvisando, resolvendo cada assunto no seu tempo. Exatamente no seu tempo.

Na mesma matéria de Direito Empresarial tínhamos de participar de um debate, com exposição individual. No dia da apresentação, conversei com o colega sobre o que ele apresentaria. Na hora do debate, fui um dos mais participativos, embora eu não tivesse estudado nada. O diálogo com o colega foi o bastante para que eu pudesse expressar-me durante a atividade.

Dias depois, formamos equipes para apresentar trabalhos. A equipe que integrei era constituída por notáveis: o primeiro e o segundo lugares da faculdade estavam lá. Uma das colegas, minha amiga Cecília, discutia textos escritos em alemão com o professor. Sempre a admirei por ela ser um gênio e uma pessoa muito correta também. Ela tentou matricular-se num curso de italiano e, quando fez o teste para verificar em que turma ingressaria, o diretor quis contratá-la para ser professora.

No dia da apresentação do trabalho, o professor perguntou:
— Então, Cecília, pode começar a apresentação do trabalho.
— Não sou eu quem apresentará o trabalho, professor.
— Então é o Alfonso?
— Não.
— O Remo?
— Não.
— A Drusila?
— Não.
— Então, quem será?
— O Bacila.

E a apresentação aconteceu sem problemas.

Nesse período, eu fazia muitas atividades. Ao vencer todas as disputas de pebolim de que participei, fui convidado pela Biblioteca Pública do Paraná para organizar o primeiro campeonato dessa modalidade a ser realizado nas dependências da própria biblioteca. Pelo fato de organizar o evento e ser árbitro do torneio, deixei de competir. Quando se chegou à dupla campeã, eu e meu amigo Eliobates disputamos três jogos contra os campeões e vencemos com facilidade. No xadrez, conquistei títulos inéditos para a faculdade: o campeonato da Universidade Federal do Paraná (UFPR) e os Jogos Jurídicos Nacionais. Também tocava numa banda de *rock*, escrevia as letras das canções e fazia arranjos. Uma das músicas, "Elizabeth", foi classificada em um festival de música. Além disso, tinha sido eleito presidente da Associação Atlética de Direito da UFPR.

Mas eu continuava com muito sono e constantemente dormia durante as aulas. Não dormia somente na faculdade. Eu fazia estágio na Vara de Execuções Penais e nosso trabalho na sala dos estagiários era preencher formulários sobre o direito dos presos, prazos, condições etc. Um dia, fui flagrado dormindo sentado e apoiado na mesa. O coordenador me chamou a atenção. Fiquei bastante chateado porque não tinha feito de propósito.

Numa tarde, os colegas do estágio estavam conversando sobre um concurso do Tribunal de Justiça que ocorreria no dia seguinte. Descobri que se tratava de um concurso para o qual eu tinha feito a inscrição um ano antes! Eu não havia estudado nada, mas decidi fazer a prova.

A noite chegou e fui a um barzinho com os amigos. Voltei para casa de madrugada. Liguei a televisão e estava passando um *show* dos Rolling Stones. Acompanhavam a banda ninguém menos do que Eric Clapton e John Lee Hooker. Quatro guitarristas tocando ao mesmo tempo. Guitarra era o instrumento que eu estava aprendendo a tocar. Assisti ao *show* todo. Quando estava amanhecendo o dia, dormi por uma hora e fui para o Colégio Estadual. Lá, encontravam-se mais ou menos 2 mil candidatos. Por pouco não fui barrado na entrada do local. Entrei na sala e... dormi novamente. Minha amiga e colega de estágio Francine me reconheceu e me acordou dizendo:

— Carlos, Carlos, Carlos, acorda, a prova vai começar.

O aplicador da prova viu a minha sonolência e fez expressão de desdém. Não havia opção. Eu estava ali e tinha de fazer a prova. Apanhei as folhas das questões e vi que se tratava de temas que eu havia estudado bastante no vestibular: história, geografia, língua portuguesa, conhecimentos gerais. Aliás, quem não precisa estudar essas matérias?

Uma grande vantagem que eu tinha é que estava bastante tranquilo. Não havia motivo nenhum para preocupação porque eu não havia estudado nada. Não tinha compromisso, a não ser o fato de que morava sozinho e dependia de meus próprios rendimentos. Um emprego no Tribunal de Justiça me daria tranquilidade financeira e aumentaria meus ganhos umas dez vezes. Terminei a prova, almocei e fui para o estágio.

Meus colegas estavam comentando todas as questões, eufóricos com cada resposta que julgavam terem acertado ou errado. Quando a Francine comentou que teve de me acordar para eu fazer a prova, todos riram, mas ela pediu mais consideração e explicou aos colegas que eu não havia estudado.

A prova era dividida em duas etapas. A primeira fase era de conhecimentos e a segunda era uma prova prática de uma atividade que não se usa mais: datilografia. As duas provas classificavam os melhores colocados. Eu realmente não tinha expectativa nenhuma de ser aprovado.

Na semana seguinte, liguei para o tribunal para saber o resultado. Uma senhora perguntou meu nome completo e pediu que aguardasse um pouco. Voltou ao telefone e disse:

— Como é mesmo o seu nome?

— Carlos Roberto Bacila.

— Parabéns! Você foi aprovado em primeiro lugar!

À tarde, quando cheguei ao estágio, havia um clima diferente no ar. Eu já havia provado daquilo quando fui vencedor do concurso para orador da turma do ensino médio. Todos me olhavam de cima a baixo. Alguns me abraçaram. Outros colegas que nunca falavam comigo se dirigiram a mim como se eu fosse um ente sagrado. Alguém representou os estagiários e disse algo mais ou menos assim:

— Não imaginávamos que você fosse quem fosse. É que nós víamos você dormindo e distraído e... bem... Tipo, não tínhamos ideia de que fosse assim...

Entendo. Hoje entendo muito bem o que aconteceu. Eu não tinha o estereótipo do aluno certinho que estuda o tempo todo e é o grande candidato a ser aprovado socialmente. Tive meu momento de sucesso no estágio. Até uma "gata" que nunca havia me dado muita bola descobriu onde eu estagiava e foi me levar um chocolate. Mas a alegria iria durar uma semana, e tudo voltaria a ser como antes.

Mais ou menos 20 candidatos foram aprovados para a etapa final, que era a prova de datilografia. Datilografia pode ser considerada como a digitação dos tempos atuais. Naquele tempo, não havia computadores nos tribunais e em nenhum outro lugar, somente máquinas de escrever. Eu não sabia nada de datilografia. Então, cometi meu primeiro erro profissional: em vez de procurar um especialista, uma escola que pudesse me preparar para aquele concurso, treinando-me 24 horas por dia e, quem sabe, alertando-me de que eu deveria informar-me como eram feitas tais provas, decidi emprestar um manual de datilografia e treinar numa máquina portátil, uma máquina bastante diferente daquelas que foram empregadas no concurso. O resultado não poderia ser outro. Tirei nota 1,5 e fui desclassificado na datilografia.

No dia seguinte, fui chamado ao gabinete do juiz da Execução, o Dr. Emílio, uma pessoa incrível que conheci naquele dia. Ele pediu que eu aguardasse um pouco. Depois se sentou e me disse:

— Carlos, eu não acredito no que você fez! Você reprovou em datilografia! Daqui a alguns anos não se usarão mais estas máquinas, que serão substituídas por computadores. Por outro lado, será que todos os serventuários do judiciário precisam ser ótimos datilógrafos? Bem, eu mesmo te ensinarei datilografia para que isso nunca mais se repita.

Sempre me lembro com muita consideração do Dr. Emílio, uma pessoa muito boa e que me fez treinar datilografia por uma semana. Pronto. Era disso que eu precisava uma semana antes da prova. Mas eu recordo que disse ao Dr. Emílio:

— Doutor, isso não vai me abalar nem um pouco. Obrigado pelo apoio.

De fato, eu tinha tudo para ficar abalado, mas segui em frente. Aprendi algumas lições com esse concurso:

1. Acredite no seu potencial, ainda que teoricamente você não esteja pronto para a prova.
2. Não se impressione com os candidatos a sua volta.
3. Lute até o fim e não deixe de se preparar para nenhuma prova.
4. Procure um conselheiro que possa orientá-lo naquele assunto específico (datilografia, no meu caso). Não tente resolver tudo sozinho.
5. Não se abale com derrotas parciais e momentâneas, ainda que você quase tenha chegado lá.

Eu tiraria proveito dessas lições nos concursos que faria mais adiante. Não deixaria que o erro que cometi se repetisse. No fundo, eu estava perplexo. Mas tudo era compatível com o caos da minha forma de estudar. Eu não tinha método, era o meu jeito e ponto. Uma pessoa muito próxima me perguntou:

— Eu nunca vejo você estudando. Mas você se sai bem nas provas. Como é que consegue?

Eu não sabia explicar. Sabia que não me dedicava muito, somente o suficiente para ser aprovado para a próxima etapa. Eu era eficiente, mas não me sentia realizado. Mas, nesse caos, eu lia muito. Lia filosofia, história e até física teórica. Mais uma vez, eu não seguia o roteiro dos programas escolares. Alguns denominam esse caos de *autodidatismo*. Só sei que, em grande parte, minha educação foi experimentada por minhas próprias escolhas. Não que os professores que eu tive não fossem grandes conhecedores da matéria. Ao contrário, eram os melhores. É que nada havia me chamado a atenção o suficiente na faculdade, até a aula que eu assistiria em uma determinada manhã.

Sintetizando

Se você é estudante ou professor, não se culpe por seus erros. Já não podem mais ser modificados. Aprenda com eles e coloque em prática o novo aprendizado assim que for possível.

Concursos públicos e testes em geral	
Ganhe tempo:	concentre-se no concurso, sem preocupar-se se vai passar ou não.
Procure orientação:	sobre os assuntos que você não domina, procure orientação de um professor ou de alguém que repute ter grande conhecimento na área.
Seleção:	estude até passar e não se impressione com tropeços no caminho, eles não querem dizer nada.
Prepare-se	para todas as provas do concurso e da vida.
Nunca	se abale com derrotas momentâneas.

Em ação

Pense em um erro que você tenha cometido em alguma aula e, para a sua próxima aula, concentre-se em acertar.

Não deixe de ler!

SCHOPENHAUER, A. **A vontade de amar.** Tradução de Aurélio de Oliveira. Rio de Janeiro: Tecnoprint, [S.d].

Nesse livro, Arthur Schopenhauer demonstra o quanto os desejos nos influenciam para agirmos.

Décima quarta aula
Ensinando com responsabilidade

Exercícios de alteridade

Se em muitos países o professor tem sido respeitado e tratado com reverência e prestígio, isso ocorre porque muitas culturas sabem a importância que tem a educação. Desde a educação infantil até o ensino universitário, existe a responsabilidade de se fazer algo mais pelas pessoas que estão aprendendo. Mas é preciso também mostrar aos aprendizes que, se eles não fizerem algo a mais pelos outros, serão igualados a bonecos de vitrines, que são imóveis e sem realização.

Fazer algo de bom para o mundo pode ir desde um simples gesto de tratamento cordial até o ensino de uma lição valiosa. Não importa o quão simples é a atitude para com o outro, pois, se for benéfica, o mundo todo será influenciado e sofrerá uma transformação.

Por que devemos fazer algo pelos outros? O outro também é um ser que tem um eu, o que nos iguala se pensarmos que poderíamos estar no lugar dessa outra pessoa, sentindo o que ela sente e tendo as mesmas dificuldades e alegrias que ela tem.

Se o professor conseguir transmitir para os aprendizes uma mensagem de solidariedade, que mostre a importância de ver o outro e de sair da rotina que nos leva a pensar somente em nós mesmos, de modo a deixarmos de ser egocêntricos como se o mundo do lado de fora não existisse, então essa mudança de atitude já será o bastante para a majestade do ensino.

Pensar nos outros não é somente um gesto nobre para com a humanidade, mas é sobretudo um comportamento inteligente, porque nos faz participar do mundo usufruindo as melhores consequências dessa escolha, dividindo e somando as dádivas de toda a natureza energética.

Querer que os outros estejam bem melhora nossa saúde e nosso estado de espírito. Essa atitude mental positiva é fundamental no professor. Querer bem aos alunos reflete na qualidade da aula e na energia gerada com os ouvintes. Não se pode dar uma grande aula se não se quer bem aos alunos no íntimo.

Se existem casos de alunos que se mostram agressivos com os outros, esse problema não é exclusivo do professor, pois afeta os colegas do agressor, sua família, sua escola, a cidade, a polícia, o mundo... A questão é que a agressividade é o resultado do egoísmo acumulado.

Em uma de minhas aulas, tratei do problema da agressividade coletiva da sociedade para com alguns estigmatizados. Era preciso dizer algo sobre a possibilidade de aceitar os diferentes como seres íntegros, aos quais não falta nada para serem humanos – o que falta é aceitá-los completamente como nossos irmãos e irmãs.

Eis a aula que posteriormente foi incluída em uma parte do livro sobre os estigmas[1].

> Certa vez, uma amiga que chamarei de Cecília, integrante de uma religião cristã, argumentava durante uma reunião de um grupo de estudos filosóficos que as pessoas que vagavam nas ruas sem

---

1   A aula reproduzida foi publicada originalmente no livro *Estigmas: em estudo sobre os preconceitos* (Bacila, 2008), em uma edição já esgotada.

ocupação deveriam ser educadas para arrumarem um emprego e mudarem de vida, criando, assim, um sentido para sua existência. Perguntei-lhe então se ela admirava Jesus. Ela imediatamente afirmou que sim e que era sua seguidora e devota fiel. Então, lembrei-a de que há mais de 2 mil anos Jesus não tinha um emprego convencional, não tinha horário de trabalho ou de compromissos e andava em todos os espaços públicos, do mesmo jeito que vivem os mendigos. Se Jesus tivesse nascido nos tempos atuais, também seria discriminado e estigmatizado, tanto quanto foi no passado. Inicialmente Cecília estranhou minha comparação, mas aos poucos foi percebendo que Jesus não era convencional, não fazia as mesmas coisas que as pessoas "trabalhadoras típicas" fazem, mas, mesmo assim, era Jesus.

Por que será que as pessoas que vagam pelas ruas são tão menosprezadas, tão desrespeitadas, tão vítimas de violências físicas e morais? Acredito que a resposta é mais simples do que imaginamos: porque nos julgamos superiores e, consequentemente, julgamos que os mendigos são inferiores. Muitos argumentarão que não pensam assim, mas que acham que as pessoas de rua deveriam ser "modificadas". Bem, a questão é exatamente esta: o fato de se pretender "melhorar", "modificar", "arrumar" as pessoas que vivem nas ruas mostra que se julgam tais seres como inferiores. A consequência disso é que elas são tratadas como se fossem inferiores, uma espécie de "subpessoas", menos humanas.

Não se ouvem, não se cumprimentam pessoas consideradas inferiores, não se quer ter qualquer contato com elas. No entanto, se analisarmos os mendigos em diferentes lugares do mundo, veremos que alguns são mendigos por opção, que eles tinham recursos materiais, mas optaram por viver nas ruas. Diógenes foi mendigo por opção e, quando Alexandre Magno lhe ofereceu o que quisesse, Diógenes pediu a ele que se afastasse para o sol passar. Muitos outros filósofos também mendigaram, criando verdadeiras correntes filosóficas que sustentam tal estilo de vida.

Entretanto, há pessoas que foram empobrecendo e ficaram ao relento, tornando-se mendigos sem querer. Esta última é a história de Chris Gardner (2007), por exemplo, contada na biografia *À procura da felicidade*. Por muitas vezes, o que confortava a alma de Gardner era encontrar um abrigo para mendigos, com uma cama e uma refeição para ele e seu filho se socorrerem quando o frio e a noite chegavam. Quem assistiu ao filme homônimo, estrelado por Will Smith, que interpretou a vida de Chris Gardner e sua busca por um emprego decente para sustentar a si e seu filho, certamente se emocionou com as cenas de dificuldades pelas quais passou Gardner. Mas não se pode imaginar querer "mudar" aquela história, porque foram todas aquelas dificuldades que tornaram *À procura da felicidade* uma história que ilumina milhões de almas no mundo.

Enfim, o que procuro trazer para avaliação é que não se deve querer fazer nada para "mudar" o mendigo, para só depois respeitá-lo. Então, o que se pode fazer pelas pessoas que vivem vulneráveis ao relento? Na minha opinião, duas coisas:

1. Tratá-las como iguais: cumprimentando-as, conversando com elas, oferecendo-lhes um cordial "Olá", um honesto "Bom-dia" (imagine que dia especial as pessoas terão ao serem cumprimentadas como iguais!). Dessa forma, não estamos esperando que no futuro elas se tornem "melhores" para poderem viver as experiências boas do dia a dia, como uma boa conversa e uma caneca de café. O bem possível virá hoje. A energia da realização ocorre no presente.
2. Oferecer-lhes condições dignas que gostaríamos de receber se morássemos nas ruas: um abrigo noturno, uma tigela de sopa e um posto médico e de assistência social. Isso tudo disponível, caso um dia, por exemplo, o mendigo fique doente ou deprimido e não tenha ninguém ao seu lado para socorrê-lo, ou o frio o surpreenda de tal maneira que ele precise de um espaço público adequado, ou simplesmente no caso de o mendigo decidir, por si só, mudar de vida.

Se essas duas atitudes forem tomadas, eliminaremos de verdade o estigma do mendigo. Assim, os mendigos só se libertarão do estigma que os escraviza diante da sociedade e que a torna escrava do mesmo estigma se forem tratados como seres humanos plenos, e não como seres humanos incompletos, que precisam ser "melhorados". Talvez aí esteja a chave para a superação de todos os estigmas – da mulher, da raça, da religião, da pobreza e tantos outros: o tratamento igual, isto é, o tratamento que todo ser humano deve ter. Porque todo ser humano é diferente no sentido de que tem uma história única e que o torna especial, mas também é igual no sentido de que compartilha a mesma humanidade, a mesma natureza, o mesmo universo, o mesmo planeta, o mesmo barco.

Ao desrespeitarmos um ser humano, desrespeitamos a condição de humano e criamos um modelo no mundo de agressão ao humano. Sendo todos humanos, as violências andam em círculos, é só esperar o tempo chegar... Sábio era o velho Santiago, descrito por Hemingway (1973, p. 80) em *O velho e o mar*: "Mas é bom que não tenhamos de tentar matar a lua, o sol ou as estrelas. Basta viver no mar e ter de matar os nossos verdadeiros irmãos".

Sintetizando

Para compreender seus alunos e para que eles o compreendam, por favor, aceite-os como eles são. Não queira modificá-los. A mudança é de cada um e cada um tem seu tempo.

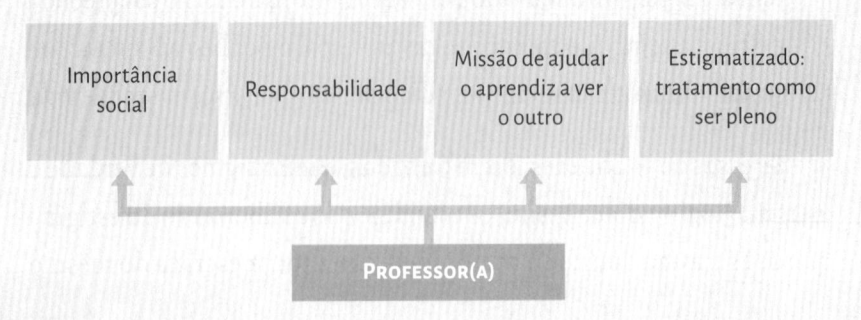

| Importância social | Responsabilidade | Missão de ajudar o aprendiz a ver o outro | Estigmatizado: tratamento como ser pleno |

Professor(a)

Em ação

Vá para uma rua na qual há bastante gente caminhando. Olhe para as pessoas aleatoriamente (elas não precisam perceber). São pessoas desconhecidas. Imagine que cada uma tem uma história interessante (seus pais, seus contatos, seu crescimento, suas experiências). Pense em cada ser como um herói por seguir lutando na estrada da vida. Pense que cada pessoa poderia ser sua amiga (quem sabe?). Uma pessoa aqui, outra lá, qualquer uma poderia salvar sua vida, fazer um gesto nobre, enfim... Imagine.

Depois, quando for para a sala de aula, repita o exercício. Você verá a transformação ao exercitar a capacidade de ver o outro. Experimente!

Não deixe de ler!

LÉA, M. **Guia de leitura**: 100 autores que você precisa ler. Porto Alegre: L&PM, 2008.

Nesse livro encontramos a indicação de 100 outros livros importantes, com o resumo de cada obra.

Décima quinta aula
Uma aula com entusiasmo

Entusiasmando estudantes

Certa vez, no teatro de Joinville, durante o inverno, eu assistia a uma apresentação de quatro bailarinas do Ballet Bolshoi. Trata-se do festival de dança mais conhecido do Brasil. Durante a tarde que antecedeu a apresentação final, adolescentes bailarinas esforçavam-se para demonstrar passes rápidos e difíceis. Para impressionar, faziam muitas piruetas que levavam a plateia à admiração. Então a noite chegou e, quando as quatro dançarinas do balé russo encenaram a morte do cisne, era possível ver a alma do cisne negro presente, levando centenas de pessoas às lágrimas de emoção. Não havia ginástica efusiva, tampouco velocidade, somente magia.

Quando Dale Carnegie viveu em Londres e esteve no Hyde Park, onde se colocam púlpitos e as pessoas podem falar à vontade, constatou algo que iria revolucionar a oratória e os cursos profissionais: o orador que mais atraía pessoas para ouvi-lo era aquele que falava com entusiasmo. Entusiasmo não é gritaria ou exageros, é um sentimento que queima na alma. O entusiasmo pode exteriorizar-se com gestos fortes, quando eles vêm do coração.

Em uma ocasião, para demonstrar para seu aluno e futuro campeão nacional de vendas Frank Bettger como se poderia atuar com entusiasmo, Carnegie atirou uma cadeira na parede, quebrando-a em pedaços. Quando o músico toca com entusiasmo, ele tira o som da nota como se fosse caldo, e a plateia vibra ensandecida.

O professor que ministra a aula com entusiasmo irradia para os alunos toda a plenitude do seu ser. Dar aula com expressão é ter convicção profunda da necessidade do que se vai dizer, da veracidade, da honestidade, da importância e, principalmente, do coração que se coloca no magistério. Nada pode sobrepor-se a isso. Um professor sem entusiasmo não convence nem a si próprio. Um professor com entusiasmo contagia os alunos com a vontade de aprender, crescer, refletir, estudar e seguir adiante.

Não existe um rótulo pedagógico para dizer como isso funciona. Simplesmente é. O filósofo e psicólogo William James desenvolveu uma fórmula que é mais ou menos assim: você representa fisicamente o entusiasmo, como se fosse um ator, mesmo que não o sinta no momento, e essa representação vai levá-lo a ser entusiasta por dentro também. Ou então, você já está inflamado por dentro e, nesse caso, basta deixar o corpo agir. Uma coisa leva à outra. Represente estar feliz e sorria, então você se sentirá mais alegre. Experimente entrar na sala de aula abatido ou demonstrando abatimento, e o fracasso é certo. Entre na sala com a cabeça erguida, com um ar confiante, respirando fundo e com um sorriso amigável. Tudo se transformará. Quando a aula ministrada com entusiasmo encontra todas as forças da vocação do outro lado, o processo do aprendizado é como água jorrando da montanha: uma dádiva da natureza.

A aula era de Direito Penal. Todas as minhas expectativas estavam ali, porque desde criança eu me interessava por assuntos relacionados com o crime. O professor catedrático dominava toda a matéria e fazia mais: mesclava conceitos práticos, filosóficos e até artísticos em perfeita harmonia. Ficávamos todos absortos com sua cultura e com a convicção com que ele transmitia seus conhecimentos. Havia realmente um entusiasmo concentrado naquelas lições. O estilo era único, pois voávamos do passado para o presente e o futuro, da rua onde o crime acontecia até as doutrinas mais contundentes. Esta seria a matéria que eu me dedicaria a conhecer, estudar e ensinar.

Curioso é que eu não chegava atrasado para a aula, absorvia todas as palavras do mestre e quase me dedicava a estudar em padrões bastante acima dos usuais para mim. O progresso estava no fato de que finalmente eu me interessava por uma aula naturalmente, sem as pressões de ter de estudar para ser aprovado. Tenho de reconhecer que o brilho do mestre foi decisivo para me convencer. Eu sabia que gostaria muito de viver profissionalmente do direito penal, só não tinha certeza de como e quando isso poderia acontecer. Mas sabia que um dia aconteceria. Só há uma forma de qualificar a aula do Professor Luiz Alberto Machado: magistral.

O final do ano chegou e novamente era preciso escolher um orador da turma para a formatura. Em termos de fatos notórios durante o curso, acontecimentos que poderiam ter relevância para colaborar com meu conceito para candidatar-me a orador, eu tinha do meu lado a eleição como presidente da associação atlética, a participação na equipe vencedora de um júri simulado e as vitórias em torneios de xadrez e pebolim – pela primeira vez na história, a equipe de Direito tinha sido campeã da universidade e dos Jogos Jurídicos Nacionais, na modalidade de xadrez.

Fora isso, eu teria de ser bastante convincente no embate que se aproximava, pois havia oito concorrentes, todos colegas muito preparados. No dia da disputa, relembrei à audiência a minha história na faculdade, mesclando temas atuais com um discurso clássico de Ruy Barbosa, para trazer um certo *glamour* ligado ao direito. Fiz algo que impressionou os colegas: coloquei um papel sobre o púlpito, parecendo que eu estava lendo, mas não estava, o que gerou uma grande expectativa.

Por ter atuado com entusiasmo, fui eleito orador da turma com uma votação expressiva. Eu sabia plenamente da minha responsabilidade. Nossa turma era composta por gente brilhante e que se destacou de forma impressionante em várias áreas do direito. Muitos foram primeiro ou segundo lugar em concursos públicos nacionais. Além do mais, eu gostava da turma e representaria pessoas que eu admirava. Ser orador daquela turma não tinha mais a ver com o passado em que eu precisava mostrar meu valor. Agora, eu me sentia responsável por representar realmente a voz dos meus colegas e amigos.

A Praça Santos Andrade já fazia parte da história da minha vida: foi próximo de lá que iniciei meus estudos do ensino médio, no Colégio Santa Maria, e, mais tarde, era lá que se localizava a Faculdade de Direito. Agora, para completar a importância do local em meus sentimentos, lá estava o Teatro Guaíra.

O Teatro Guaíra foi, durante muitos anos, o maior teatro da América Latina, palco de exibições de gala, desde apresentações de importantes companhias de dança, como o Ballet Bolshoi ou o Kirov da Rússia, até *shows* do B. B. King e outros espetáculos incontáveis. Era fevereiro de 1991. A noite estava tranquila e serena. As cadeiras estavam completamente lotadas, em todos os belos níveis do teatro. Era a formatura da Faculdade de Direito. Não havia como ser diferente, todos estavam nervosos. A homenagem aos pais, aos mestres, o discurso do paraninfo, tudo ocorreu conforme o planejado. Eu precisava falar alguma coisa importante, dizer algo que fosse incomum. Lembrei-me das palavras de Ruy Barbosa sobre o que ele chamava de *ira santa*: "Nem toda ira, pois, é maldade".

Eu tinha o discurso escrito, mas ele estava também na minha cabeça. Fiz algo que nunca é recomendável: decorei o discurso. Não faria isso nunca mais. Aprendi a anotar pontos e discorrer sobre eles. Com o tempo, passei a anotar pontos mentalmente e não precisava mais de anotações. É a prática da oratória que nos leva a isso. Mas, naquela vez, decidi decorar. Outro erro, que também não cometeria mais: utilizei-me de uma linguagem um pouco complexa, quando eu poderia ser bem mais simples. Mas o leitor deve compreender que se tratava de um adolescente querendo impressionar o auditório. Eu tinha 21 anos de idade. Uma experiência inesquecível.

Selecionei duas partes do discurso e as reproduzi a seguir, para que você, leitor, possa tirar suas próprias conclusões.

Senhoras e senhores,

Um acadêmico de Direito, perplexo com as questões críticas do curso e da vida, lança uma indagação à deusa Têmis (deusa da lei eterna e da justiça):

— Sou originário da crise e das depressões gerais da humanidade, da violência, das definições mal aplicadas e... de tantas outras coisas. Deusa de indubitável sabedoria, o que se pode esperar de mim, filho que sou destas fatalidades??

E Têmis permanece impassível quando responde ao aflito aprendiz:

— As adversidades da vida não devem causar tanto temor. Se, na verdade, a verdade são duas metades, a surdez, considerada um valor negativo, não esteve presente quando Beethoven compôs mais de 138 peças? A falta de escola na meninice não fez Thomas Edison e suas 1.200 invenções? A gagueira não desafiou Demóstenes a ser o maior orador do mundo? A pobreza e as abstenções impediram, ao acaso, que Sócrates fosse Sócrates ou que o Cristo fosse

Cristo? E se as pernas tortas fizeram Garrincha... Se o vento forte e destruidor do Norte fez os *vikings*, não será demais esperar mais do que o quase nada de ti. Afinal, vivestes um pouco apenas das pegadas da vida, que nada mais são do que um passo após o outro na estrada espiralada dos tempos. Agora devolvo-te a pergunta: o que se pode esperar de ti?"

O desalento dos bons e a desídia dos capazes têm o poder de exaltar os soezes inescrupulosos e fazer deles nosso paradigma.

Justiça é abraçarmos a causa nossa do direito com amor, elevarmos o direito às alturas do Olimpo, com humildade (própria dos sábios) e determinação (própria dos vencedores).

A justiça está em nossos corações, agora trêmulos com a despedida. Afinal, foi uma força de ciência e de justiça que nos atraiu até os sedutores braços da deusa Têmis.

Por que, Titânia poderosa, rouba-nos os rumos das serenas caminhadas e faz curvarmo-nos diante de ti? Arrasta-nos ao turbulento mar das batalhas cruéis sem fim, das lides sinistras, do desespero das almas angustiadas e clamantes pelo seu direito? Obriga-nos a um mergulho nas profundezas do corrosivo e fascinante mundo do crime e maltrata-nos com sutilezas das terras, dos dias e dos papéis?

Um cálice de vinho para brindarmos com Têmis! Podemos tentar entorpecê-la com a bebida, mas com cuidado bastante para que não sejamos nós os embriagados a nos prostrarmos ao solo, lúgubres pela vã tentativa da corrupção!

Podemos surrupiar-lhe a venda dos olhos, com a precaução de não ficarmos cegos nós mesmos ao fracassarmos na burla tentada de sua imparcialidade. Podemos subtrair-lhe a espada e reduzi-la à impotência, correndo o risco, entretanto, de dilacerarmos nossas mãos com suas cortantes lâminas de duplo gume!

Perdoa, sublime Têmis, os filhos ignorantes, pois nunca estudaram as leis mais fundamentais e sagradas do universo. E elas estiveram presentes até em nossos sonhos de criança.

Afasta da escuridão e da tempestade e rega com água branda e luz fecunda os grãos semeados pelos vossos filhos espertos e voluntariosos... e faz crescer a planta única de salvação, até o Monte dos Deuses.

Não basta a dor da partida, haverá que ter ainda a aspereza da caminhada.

Mas se lágrimas rolam de nós e de ti, agora porque partimos e nos dispersamos... Rolarão também estas lágrimas na alegria indescritível da alvorada que resplandece amanhã, quando nos reencontraremos todos e passearemos juntos, pois irmãos, nas relvas brancas e celestiais de vosso reino de fraternidade, amor e justiça.

Nós agradecemos.[1]

Jamais eu usaria esse tipo de linguagem novamente. Nos anos seguintes preferi o estilo mais simples, direto e na forma de um diálogo com o ouvinte, como se fosse uma conversa amigável. Mas ninguém deve culpar-se por errar. O importante é aprender com os erros e ter humildade para reconhecer! Ao menos, falei com entusiasmo, o que me ajudou bastante na ocasião.

---

1 Partes do discurso de formatura da Turma Carmem Lúcia Silveira Ramos, de 1986-1990, da Faculdade de Direito da Universidade Federal do Paraná (UFPR).

Sintetizando

Para uma aula empolgante e bem-sucedida, aja com entusiasmo!

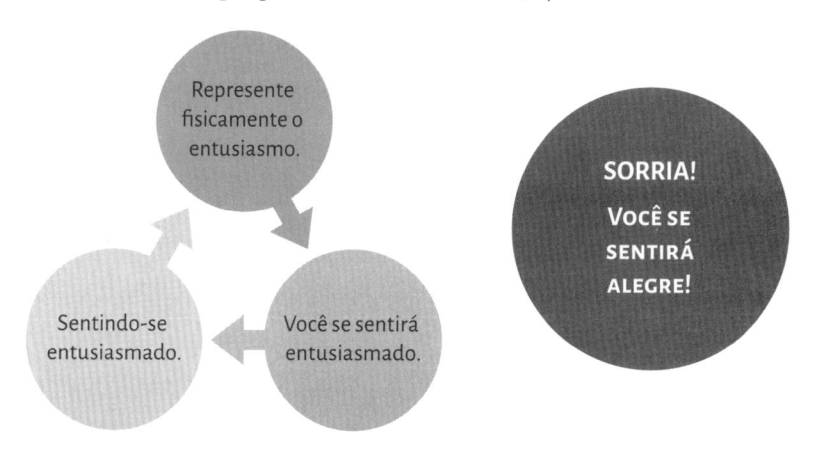

- Represente fisicamente o entusiasmo.
- Você se sentirá entusiasmado.
- Sentindo-se entusiasmado.

SORRIA! VOCÊ SE SENTIRÁ ALEGRE!

> **LEMBRE-SE:**
> Ao entrar na sala de aula, erga a cabeça, coloque um sorriso amigável no rosto, caminhe confiante e tranquilo. Preferencialmente, mentalize a cena em que você leciona e é bem recebido pelos(as) alunos(as).

Em ação

Em sua próxima aula, selecione um assunto de que você goste bastante e fale sobre ele com entusiasmo!

Não deixe de ler!

FONSECA, R. M. **Introdução teórica à história do direito.** Curitiba: Juruá, 2009.

Nesse livro, o autor discorre sobre interessantes pontos de vista que podemos ter sobre narrativas da história.

Décima sexta aula
Estudando um caso brasileiro

Estigmas e *bullying*

Eu estava ministrando uma aula da turma da graduação quando recebi a notícia, amplamente divulgada na época, de que, na cidade de Santo André, um rapaz havia feito sua ex-namorada e algumas outras pessoas como reféns. Logo comentei com os alunos que não concordava com algumas decisões adotadas no local onde ocorria a crise.

Terminado o cativeiro com o desfecho que teve, procurei verificar se seria possível aplicar a tese sobre os estigmas e avaliar o quanto de discriminação teria ocorrido na administração do conflito.

Teorias sem utilidade não têm sentido, são meros jogos de palavras. Procurei mais uma vez por à prova a teoria que desenvolvi, averiguando se poderia ser útil em situações reais. Note o caríssimo leitor que, no final da aula que exporei na sequência, resumi as ideias principais da teoria para facilitar a compreensão do assunto por parte dos alunos.

A importância do estudo dos estigmas da maneira como foi tratado na referida aula reside no fato de que com base nele é possível analisar qualquer situação de preconceito em um estabelecimento de ensino ou fora dele. Muito se fala de preconceito e estigma, mas é preciso entender o processo de estigmatização desde a origem até suas consequências mais amplas.

Atualmente, com razão, um dos temas mais debatidos é o *bullying*. Muitas vezes esse ato é provocado porque o estigma está infiltrado nas mentes humanas, desde a idade mais precoce. Então, o que aparenta ser uma perseguição sem motivos a alguém, perturbando-lhe constantemente a paz, pode ter origem em estigmas que vitimizam a pessoa e a sociedade como um todo, como o fato de uma pessoa ser obesa, adepta de uma determinada religião, pobre, diferente dos outros no seu comportamento ou então apresentar características regionais ou de cor de pele diferentes das observadas nas pessoas de determinado lugar ou mesmo outras marcas relacionadas ao aparecimento do estigma.

O estudo exposto na aula a seguir demonstra que os estigmas não somente geram *bullying*, mas podem estar na origem de situações letais, desde um homicídio até uma guerra mundial.

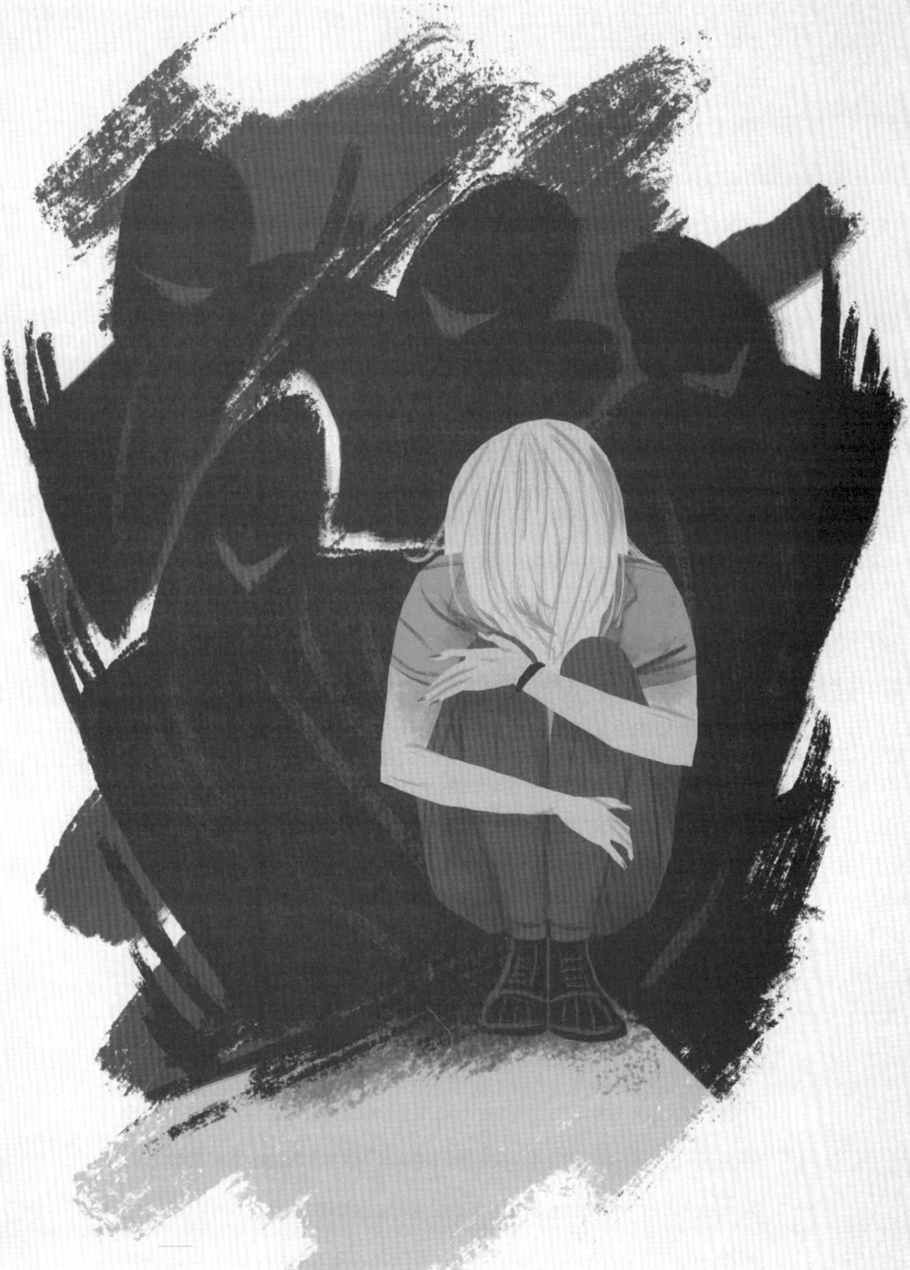

Bom dia a todos!

Há três anos publiquei o livro *Estigmas: um estudo sobre os preconceitos*, no qual procurei trazer uma contribuição ao estudo da criminologia, desenvolvendo basicamente três temas que necessitavam de maior precisão conceitual e do apoio em um conceito universal para que pudessem ser tratados nas discussões do dia a dia do sistema penal de maneira mais prática e objetiva. Nada disso teria sido possível sem as sólidas bases dos autores que serviram de sustentação para a tese que propus. Na verdade, a minha participação consistiu em ligar os pontos de concepções de fantásticos escritores que discutiram sobre os preconceitos em um nível profundo. Em primeiro lugar, fiz uma releitura da história sob a ótica dos estigmas. Cheguei às seguintes conclusões:

1. **ESTIGMAS NÃO TÊM FUNDAMENTO RACIONAL**. Após estudar praticamente todas as origens de preconceitos, tais como os que se focam na raça, na pobreza, na religião, no sexo, na aparência física, na profissão, na maneira de ser, nas necessidades especiais, na idade, no idealismo e em tantos outros aspectos, constatei o caráter ocasional e aleatório dos estigmas e formulei um conceito que penso que terá grande utilidade nos estudos gerais e de casos, resumido no próximo item.

2. **ESTIGMAS TÊM ASPECTO OBJETIVO E SUBJETIVO**. Um estigma pode ser conceituado como uma característica objetiva que recebe uma valoração social negativa. O aspecto objetivo é perceptível pelos sentidos: pobreza, comportamento, cor da pele, sexo, atividade religiosa, necessidade especial. O aspecto

subjetivo é a avaliação ruim que se faz do portador da marca objetiva: "se é pobre, é suspeito de crimes contra o patrimônio"; "se é mulher, não é sujeito o bastante para certos direitos e feitos"; "se é portador de necessidade especial, não deve realizar tão bem tal trabalho"; "se tem antecedentes criminais, deve agir sempre de maneira perigosa e mentirosa"; "se não é adepto da minha religião, deve estar no caminho do mal"; "se não tem uma crença religiosa, deve ser um tolo" etc. Daí decorre mais uma conclusão, sintetizada no próximo item.

3. **ESTIGMAS CONSTITUEM UMA ESPÉCIE DE METARREGRAS**. Metarregras são regras práticas da sociedade, tais como cumprimentar as pessoas quando as encontramos (dizer "bom-dia", "boa-tarde", "olá"), cantar parabéns no dia do aniversário, pedir licença para passar próximo de outra pessoa, pedir desculpas quando ofendemos alguém etc. Denominam-se *metarregras* porque estão além das regras legais (formais), daí esse termo. Se temos muitas metarregras que se mostram favoráveis às boas relações sociais e que se solidificaram na história da humanidade, isso ocorre provavelmente por questões práticas, como a necessidade de demonstrar que se vem em paz ao dizer "Bom-dia!", e, portanto, tem base em valores racionais. Por outro lado, temos metarregras que não são racionais ou não têm fundamento histórico plausível, como os estigmas descritos anteriormente, por exemplo, "se é portador de necessidade especial, não serve para o trabalho". Outro exemplo deste último caso é dizer "um negro nunca será presidente dos Estados Unidos", o que se ouviu antes da eleição de Barack Obama.

Aplicando o conceito de estigmas, estudei os casos dos mais famosos *serial killers*, demonstrando que, em todos, eles foram descobertos no início de suas atividades criminosas, antes de matar a maioria de suas vítimas, contudo, em decorrência de não apresentarem os principais estigmas, foram liberados das investigações policiais. Outros, ainda, jamais foram descobertos, provavelmente porque, embora tenham deixado pistas, não apresentavam estigmas e tornaram-se invisíveis para as investigações.

Lindemberg: o caso brasileiro

Trata-se do cárcere privado mantido num conjunto habitacional de Santo André, no Estado de São Paulo, e que teve como autor Lindemberg Alves (22 anos), o qual, no dia 13 de outubro de 2008, invadiu o apartamento de sua ex-namorada Eloá Cristina Pimentel (15 anos) e lá rendeu, além de Eloá, sua amiga Nayara e mais dois jovens, Iago e Vitor[1]. Estes dois últimos foram libertados algumas horas após a incursão de Lindemberg no apartamento, mas teriam sofrido agressões dele, o que foi mais um indício do que estaria para suceder. Lindemberg também agrediu Eloá, demonstrando que não tinha freios para agir. Avisou que só sairia morto e que não iria para a prisão. No dia seguinte, Nayara também foi libertada. Neste mesmo dia (terça-feira, dia 14), Lindemberg forneceu mais uma prova do que era capaz de fazer: atirou na direção da multidão, o que voltou a fazer mais tarde. Este tipo de agressão que coloca em risco a vida de pessoas em geral e também dos policiais pode ser

---

1 As informações apresentadas sobre o desenvolvimento dos fatos que sucederam no caso têm como base a reportagem "100 horas de agonia", escrita por Solange Azevedo e publicada na revista *Época* (2008).

uma indicação de que a polícia deva invadir o cativeiro e procurar salvar a refém que ali se encontra e cessar mais riscos. A explicação é lógica: se o risco está aumentando, para que esperar que as coisas piorem? Evidentemente que, se o autor do cárcere privado estiver calmo, então as regras recomendam que se mantenha a situação estável para tentar desenvolver a Síndrome de Estocolmo, uma técnica para propiciar simpatia entre sequestrador e refém gerada pela crise, mas que se torna discutível no caso em análise, em que ambos se conhecem bem. Afinal, foi justamente a relação continuada que propiciou a crise.

Enfim, o resultado final foi o seguinte: os dois primeiros reféns teriam sofrido algumas violências menos graves; Nayara foi feita refém, conseguiu sair, a polícia reinseriu a adolescente no cativeiro e depois ela levou um tiro na cabeça, mas sobreviveu; Eloá sofreu violências durante o tempo em que ficou refém e no final levou um tiro na cabeça e outro na perna, morrendo horas depois. O que contribuiu para que tanta coisa acontecesse dessa maneira?

Inicialmente, é preciso ressaltar que não se discutem o preparo e a capacidade dos policiais, tampouco a possibilidade de erros. Qualquer um poderia ter cometido erros mais graves no lugar daqueles profissionais; basta imaginar estar na mesma situação e verificar a imensa dificuldade para lidar com a vida e a morte numa fração de segundos. Não obstante, o que me proponho a fazer é uma análise científica de fatores que podem ter levado os policiais a cometerem alguns equívocos que não são nem um pouco comuns nesse tipo de situação: 1) tolerar sem reação que o autor dos crimes atirasse duas vezes contra pessoas nas ruas; 2) permitir a reinserção de refém no cativeiro, mesmo sabendo que o autor era violento e havia agredido os dois rapazes e a outra refém; 3) ingressar no cativeiro com munição imprópria. Trata-se de fatores que podem ter colaborado para que o sequestrador tenha conseguido atingir as duas reféns na cabeça, matando uma delas e ainda tenha lutado contra os policiais.

O que apresentarei a seguir é uma análise do caso sob a ótica dos estigmas e de sua influência numa atuação tão desastrosa de pessoas tão bem preparadas.

Estigma da mulher

Se os reféns fossem executivos que estivessem apanhando do sequestrador, a administração da crise por parte da polícia seria outra? Os cuidados com o sequestrador seriam outros? A proteção da vítima seria outra? A resposta policial diante de todas as violências e indícios dos riscos associados ao autor seria outra? Penso que sim. Acredito que tudo isso ocorreu **PORQUE** reproduzia um cenário que sempre foi aceitável na maioria dos casos policiais: a violência doméstica. O ex-namorado queria retomar o namoro à força. Isso deve ter sido um motivo para subestimar-se o autor do cárcere privado, adotando-se procedimentos que, convenhamos, saíram bastante da rotina antissequestro, em vez dos considerados como padrão.

Tudo isso é compatível com a tolerância do sistema penal em face de violências brutais de (ex-)maridos, (ex-)companheiros e (ex-)namorados. Foi assim, por exemplo, com Maria da Penha Maia, que no ano de 1983 teve contra si duas tentativas de homicídio, na primeira vez com disparos de arma de fogo e na segunda com choques elétricos, até que ela ficou tetraplégica (Hermann, 2007,

p. 13). Por isso a Lei Maria da Penha – Lei n. 11.340, de 7 de agosto de 2006 (Brasil, 2006) –, que trata de violências domésticas, tem esse nome. É notório o descaso de delegacias, quartéis, promotorias, magistrados e outros diante das violências contra as mulheres. O fato é: quantas Marias da Penha foram torturadas e sofreram lesões até a morte e o cárcere privado diante da aceitação do sistema penal?

Denomino o estigma da mulher como sujeito passivo de vítima aceitável. O que quero dizer com isso é que uma lesão praticada em situação doméstica, desafortunadamente, por mais atroz que seja, é mais aceitável do que qualquer outra. Novidade? Nenhuma. Entretanto, se os policiais tivessem orientação em suas academias de que na atividade policial não devem deixar-se conduzir por **METARREGRAS/ESTIGMAS**, se isso fizesse realmente parte da consciência policial, haveria tanto descuido no caso em discussão? Acredito que não. As mesmas precauções usuais em outras crises policiais seriam adotadas e, se houvesse falhas, o que é humano e aceitável, seriam as falhas que comumente podem acontecer, como atingir o próprio refém numa troca de tiros na tentativa de defendê-lo.

Estigma do criminoso

Conforme declarações oficiais, Lindemberg "não tinha antecedentes criminais". Na ausência do estigma do criminoso, o tratamento policial relaxou. Se Lindemberg tivesse praticado alguns furtos e roubos, seria considerado um delinquente, que então poderia ser vítima de exageros e precipitação; não seria tomado como um jovem adolescente que precisava de todas as chances para sair vivo e responder pelos seus atos. A aparência também pode ter contribuído para o relaxamento diante das violências cometidas por Lindemberg, isto é, ele não tinha a "típica expressão de criminoso"[2].

Por outro lado, quando não recaem estigmas sobre o suspeito, ele se torna "invisível" para o crime. Assim, por exemplo, o *serial killer* de Green River em Seattle, nos Estados Unidos, foi descoberto logo após matar as três primeiras vítimas, mas, como ele era branco, casado, empregado, possuía automóvel etc., não foi levado a sério. Foi preciso que ele matasse em torno de 70 mulheres (note bem: mulheres prostitutas) e que se esperasse por décadas até a ciência descobrir o método de leitura do DNA, tornando possível a identificação do autor. Mas, se as suspeitas fossem levadas a sério na época, uma testemunha que quase foi morta por ele e o reconheceu e a vigilância sobre o assassino teriam produzido provas suficientes para incriminá-lo.

Com isso, quero dizer que, na ausência do estigma do criminoso, Lindemberg fez o que quis e ficou "invisível para o crime". Afinal, ele "não era parecido com um criminoso".

Conclusão

1. Nas **ACADEMIAS DE POLÍCIA**, a inclusão de um estudo sobre as metarregras/estigmas por causa do induzimento em erro da polícia em suas investigações e operações seria muito útil para incrementar o nível de acertos e de solução de casos graves,

---

2 O sistema penal de Hitler, por exemplo, defendeu a pena de morte para pessoas que apresentassem horríveis defeitos corporais, independentemente de terem praticado crimes graves ou não. O nazismo tornou oficiais regras de estigmas (e fez toda a Alemanha parecer com isso), enquanto, atualmente, no sistema penal os estigmas atuam como metarregras.

protegendo as vítimas atuais ou potenciais. A quantidade de casos para estudo é imensa, como a literatura sobre *serial killers* e o caso tratado anteriormente.

2. Na ausência de estigma, não se deve subestimar o **SUSPEITO**; na presença de estigma, deve-se respeitar os direitos humanos (como deve acontecer em todos os outros casos) e conferir ao indivíduo as mesmas oportunidades oferecidas a outras pessoas, desconstituindo ou negando o estigma.
3. A **VÍTIMA** deve ser protegida sempre, independentemente de sua condição. No caso comentado, no qual as autoridades tiveram o foco no conflito de relações afetivas, dever-se-ia negar o estigma da mulher como "vítima aceitável".

Posteriormente, escrevi um artigo com base nessa aula com o título "O fantasma de Lindbergh", para relembrar o trágico sequestro do recém-nascido filho de Charles Augustus Lindbergh, que fez a mais famosa travessia aérea de Nova Iorque a Paris no avião monomotor Spirit of St. Louis. No referido sequestro, Lindbergh assumiu a investigação paralela ao trabalho policial, mas, depois de um empenho descomunal dele e da polícia e de pagamento de resgate, descobriu-se que seu filhinho morrera logo após o sequestro. O suspeito de tão monstruoso crime, Bruno Richard Hauptmann, foi preso e condenado à morte na cadeira elétrica. Ele jurou inocência. As autoridades públicas, incluindo o governador do estado, prometeram que a pena seria comutada se ele declarasse a culpa. Mas Hauptmann preferiu

> morrer alegando inocência. Até hoje existem fortes dúvidas sobre a autoria do crime. A expressão *fantasma*, no caso do famoso aviador, relembrado até hoje como um trauma norte-americano, faz alusão aos inúmeros desencontros e fracassos que envolveram as pessoas e as instituições públicas da época. No caso brasileiro de Lindemberg, o "fantasma" simboliza as metarregras estigmas que influenciaram a tragédia paulista, como verdadeiros fantasmas a assombrar a atuação das autoridades públicas.

Na sala de aula ou fora dela, os estudantes podem estar praticando *bullying* por causa de metarregras/estigmas. Se isso estiver ocorrendo, o professor poderá explicar para os estudantes como ocorrem os estigmas e qual a forma de anulá-los. A melhor forma de fazer isso é: 1) formulando exemplos; 2) mostrando que todos podem ser vítimas de estigmas (e de *bullying*, consequentemente); e 3) esclarecendo que os estigmas não têm fundamento racional.

Nesse aspecto, o exercício da alteridade (ver o "alter", o outro) parece muito útil, e a melhor forma de fazer o estigmatizador "ver o outro" é mostrar como ele também pode ser vítima de estigma. Por exemplo: alguém que é muito magro e chama o outro de "gordão" certamente não gostaria que o chamassem de "palito". Reforçar o espírito de equipe também parece ser muito positivo.

Sintetizando

Para que os alunos compreendam bem o assunto tratado, aplique a teoria na prática e relembre os pontos principais no final da aula. Para vencer o *bullying*, procure neutralizar os estigmas.

1	Demonstre a aplicação das teorias na prática retratada pelos jornais.
2	Relembre os pontos principais no final da aula.
3	Durante a aula, fique sempre atento ao *bullying*, que pode ser provocado pelos estigmas.

Em ação

Enumere três estigmas que você entende que podem estar gerando *bullying* na escola em que trabalha. Pense em estratégias práticas para o esclarecimento das dúvidas dos estudantes sobre esse problema.

Não deixe de ler!

PHILBRICK, N. **No coração do mar**: a história real que inspirou o Moby Dick de Melville. Tradução de Rubens de Figueiredo. São Paulo: Companhia das Letras, 2000.
   Nesse livro, que traz o relato uma história real, mostra-se como os sobreviventes obstinados conseguiram superar incontáveis dificuldades para prosseguirem vivendo.

DÉCIMA SÉTIMA AULA
É preciso buscar verdades novas[1]

Uma professora surpreendente

O abatimento caía sobre mim. Estava estressado e entediado, vivendo aquela rotina devastadora e cruel que, segundo Schopenhauer, nada cria e nada constrói. A ciência vive do novo e do diferente.

Pensei: o professor não deve ter medo de trazer novidades para a sala de aula, mesmo que tenham sido criações suas. As mudanças são extremamente saudáveis e, quando ligadas à nossa história pessoal, são perfeitas. Os gestos e as ideias precisam mudar. É preciso, de vez em quando, caminhar até o final da sala para falar mais de perto para os alunos do fundão. E mudar também o que se diz e como se diz.

As pessoas precisam mudar de tempos em tempos, reinventar-se para acompanhar o ritmo dançante do universo. E eu precisava mudar. O meu ritmo andava assim: soube que haveria um teste na Universidade Federal do Paraná (UFPR) para alunos que quisessem fazer uma pós-graduação, mas eu havia descoberto isso no dia da prova. Quando comecei a fazer a prova, recebi um chamado do trabalho e fui o primeiro a sair da sala, logo após o início do teste. Ao ver o resultado, surpresa: segundo lugar. É claro que, apesar da velocidade, eu conhecia a matéria. Afinal, a especialização era em Ciências Penais.

---

1 A expressão *buscar verdades novas* foi extraída do livro *Filosofia da ciência*, de Bastos e Candiotto (2008, p. 95).

Um ano e pouco depois, quando concluí a pós, eu procurava descobrir o que me aborrecia. Não estava fácil aguentar o tédio. Então, tentei um processo novo, isto é, tentei descobrir do que eu gostava. Naquele tempo, eu advogava, lecionava Direito Penal e também exercia a assessoria jurídica de uma fundação pública federal. Tudo era bom, mas eu sentia falta de algo. Quando comecei a relembrar o que eu gostava de fazer na adolescência, descobri: eu gostava de andar de motocicleta. Rodava nas trilhas de terra da fazenda de meus pais. Colocava o material de pesca no bagageiro da moto e ia pescar traíras. Passeava pelos campos e me divertia muito pilotando motocicleta. Isso já era um indicativo.

Era início da década de 1990 e, certo dia, deparei-me com uma fotografia em que havia duas crianças com trajes típicos de festa junina. A menina estava toda orgulhosa, confiante e bem vestida. O menino estava com uma estrela de xerife e uma arma no coldre na altura da cintura. O menino era eu. Decidi fazer algo. Comprei uma motocicleta e participei de um concurso para delegado de polícia.

Minha vida realmente mudou. Eu viajava de moto por todos os lugares a que tinha vontade de ir. E minha carreira na polícia me absorvia toda a concentração. Não havia mais rotina e monotonia. No ano de 1994, fui morar em Maringá para exercer a atividade policial. Fui escalado para o plantão e, já no meu primeiro flagrante, tive uma ideia do que estava por vir. Um homem foi preso porque havia matado a esposa no interior do fórum. Naquela e em outras situações agudas, como em casos de sequestros em que era necessário libertar os reféns, fiquei completamente absorvido com a lida policial, que não tinha nenhuma rotina, e isso me estimulava. Contudo, percebi claramente que a polícia precisa ter o amparo do magistério, da ciência, dos recursos tecnológicos e sociológicos para poder atender bem à população.

147

Maringá é uma cidade belíssima e com um povo muito amável. Hospedei-me num hotel bom e barato nos primeiros meses em que fiquei trabalhando na Cidade Canção. Após o jantar, eu me dirigia para o saguão do hotel, onde ficavam os hóspedes – na maioria das vezes, vendedores que viajavam por distâncias imensas do Brasil para realizar seu trabalho. Representavam fábricas de relógios, bolsas, pingas e tantos outros produtos. Aprendi a respeitar tais profissionais, que batalhavam duro na estrada e, no final do dia, divertiam-se assistindo à televisão ou jogando baralho.

Naquele ambiente, no local onde eram servidas as refeições, depois que as mesas ficavam livres para uso geral, comecei a escrever meu primeiro livro: *Síntese de direito penal* (2001). Lembro-me de que escrevia na máquina de datilografia, conforme as técnicas que havia aprendido com o Dr. Emílio. Agora eu datilografava rapidamente. Procurava também fazer alguns gráficos e desenhos para tornar os ensinamentos mais acessíveis aos leitores. Em meu projeto para escrever utilizava o mesmo modelo que adotava para lecionar: escrevia como se eu fosse ler o livro e precisasse tirar o máximo de proveito dele. Tentava deixar cada frase, cada explicação o mais didática possível. Naquele momento, percebi a diferença entre os escritores que escrevem para si e aqueles que escrevem para compartilhar algum benefício com os leitores. Não há segredo, há atitude – a atitude de querer ser útil no que se faz.

Eu estava na minha sala quando Mourão, o excelente escrivão que trabalhava comigo e que hoje é delegado, entrou e disse:

— Bacila, você sabe que haverá um teste para o mestrado na Universidade Estadual de Maringá esta semana?

Fiz o teste. Quando verifiquei o resultado, havia obtido o segundo lugar. Esse mestrado eu iniciaria, mas não concluiria por motivos de serviço (fui transferido), somente voltando a ingressar mais tarde no mestrado da UFPR. Contudo, somente pela aula de Filosofia do Direito a que assisti, já valeu a pena ter cursado um período todo. A aula foi ministrada pela professora Jussara, da Universidade Estadual de Londrina (UEL).

A referida aula iniciava pela manhã. Na véspera, havia trabalhado a noite toda em operações policiais e estava sem dormir um minuto sequer. Saí direto do trabalho para a universidade. Estava bem caracterizado: jaqueta de couro, calça *jeans*, barba por fazer e, como sempre, no meu estilo habitual: sentado na última carteira e tirando um cochilo.

Num dado momento, acordei e comecei a me interessar pelos temas: axiologia, epistemologia, deontologia, ontologia, juízo hipotético do dever ser; Kelsen, Cossio... Esses eram temas e autores que faziam parte da minha leitura por vontade própria, de maneira que eu estava familiarizado.

Quem apresentava os seminários eram alguns colegas que formaram uma equipe a pedido da professora, a qual acompanhava as exposições com atenção. Curioso é que eles falavam com muita convicção sobre os assuntos, mas eu observava que ora cometiam algumas imprecisões, ora invertiam mesmo os conceitos ou não conseguiam alcançar as ideias dos mentores das teorias. Pensei comigo que era melhor ficar quieto. Eu já havia sido professor e sabia que tinha de respeitar os outros colegas. Entretanto, a aula guardava uma dinâmica surpreendente.

Após a apresentação da equipe, a professora Jussara perguntou para a turma:

— O que acharam da apresentação?

Silêncio.

— Todos concordam?

Silêncio.

— E você aí atrás, no fundão. Está sempre quieto. Gostaria de saber sua opinião.

Mesmo depois da provocação da professora, eu estava disposto a falar alguma coisa evasiva para voltar à tranquilidade e ao sossego, mas, logo em seguida, alguns colegas acharam muito engraçado eu estar completamente desligado da aula e pensaram que eu estava alienado de tudo. Um colega do grupo que havia apresentado o trabalho havia feito um ar de desprezo. A professora continuou se dirigindo a mim:

— Com o que você trabalha?

— Sou policial.

— E você concorda com tudo o que foi dito pela equipe que apresentou o seminário?

A turma continuava a rir, incrédula que eu pudesse falar qualquer coisa. A questão é que eu sabia do que estavam falando e que estavam cometendo atrocidades contra a filosofia. Pelo menos nada do que falavam era coerente com os autores estudados.

A equipe estava perdida na matéria. Então, pensei, equivocadamente, que a própria professora poderia não ter percebido todos os erros e ainda estaria fazendo uma graça comigo, só porque eu estava pescando de sono e aparentemente alienado dos temas em debate. De súbito, decidi enfrentar o assunto e comecei a colocar as coisas no seu devido lugar, mesmo acreditando que não haveria quem atestasse o que eu falava.

— Não concordo com o que a equipe falou, professora. A apresentação foi muito bem-feita, contudo alguns conceitos foram invertidos.

Risos.

— E em que aspectos você não concorda com o que foi dito pelos seus colegas? — perguntou a professora.

— Os colegas confundem o juízo hipotético do dever ser de Kelsen com ontologia. A ontologia é o estudo do ser, enquanto a norma para Kelsen é um dever ser, um objeto ideal. Cossio transformará esse objeto ideal em um juízo disjuntivo...

E continuei a lição, como deve ser, educadamente, corrigindo vários deslizes dos colegas que não tinham ainda preparo nesses complexos temas da filosofia do direito e da filosofia em geral, cujos conceitos expliquei um a um, detalhadamente.

A turma toda estava incrédula em face do que eu estava falando. Achavam que eu era um louco, mas estavam perplexos ao menos por eu me lembrar de todos os conceitos mencionados pela equipe para então começar a modificá-los. Depois de minha exposição, todos olharam na direção da mediadora, a professora Jussara, esperando que ela me fizesse ter o devido respeito. Eu mesmo aguardava algum tipo de censura, subestimando o elevado nível da professora, que, após um longo silêncio, observou:

— Ele está completamente certo! Vocês inverteram muitos conceitos. A ontologia é o estudo do ser... *Ôntico* é o relativo ao ser... A axiologia está ligada aos valores... e continuou reafirmando o que eu havia ponderado.

Fiquei sereno ao saber que a professora sabia o conteúdo da matéria. Em segundo lugar, os engraçadinhos tiveram de "colocar o rabo no meio das pernas" e ficar com aquela cara de surpresa, expressão que eu já estava começando a reconhecer bem quando aparecia. Mas, quando terminou a aula, a professora Jussara virou para mim e disse:

— Gostaria que você me aguardasse para conversarmos um pouco.

Depois que os demais colegas saíram, fui conversar com a professora e já cheguei me desculpando.

— Professora, me desculpe se me intrometi no trabalho do grupo...

Fui interrompido:

— Você é professor?

— Eu era.

— De Filosofia do Direito?

— De Direito Penal.

— Pois você deveria considerar seriamente a possibilidade de voltar a dar aula. São poucas as pessoas que têm o dom do magistério e você não pode deixar esse dom de lado.

São lances como este que fazem do magistério algo mágico. Tinha de ser uma professora para me mostrar que sempre existirão grandes mestres a iluminar nosso caminho. Eu estava fazendo o mestrado sem convicção nenhuma, contudo, com o respeito que passei a ter pela professora Jussara e as palavras de incentivo que recebi, mudei a maneira de pensar e decidi que eu voltaria para as salas de aula. Novamente eu testemunhava o encanto do magistério, por intermédio de mestres de verdade...

O ponto ao qual eu quero chegar é: nunca desista do seu dom. Os grandes navegadores aguentam firme as marés e os ventos difíceis. A sala de aula é o seu teatro de atuar, e o seu lugar é lá. Se não vislumbrar a sala como um teatro, veja então como uma arena, na qual as ideias são gladiadores e as ações se realizam no confronto sadio do debate e do progresso acadêmico. Aceite a possibilidade de ver a sala de aula como espaço para a livre expressão.

Sintetizando

Acredite no seu dom para o magistério. O seu estilo e a vontade de compartilhar o conhecimento virão com o tempo.

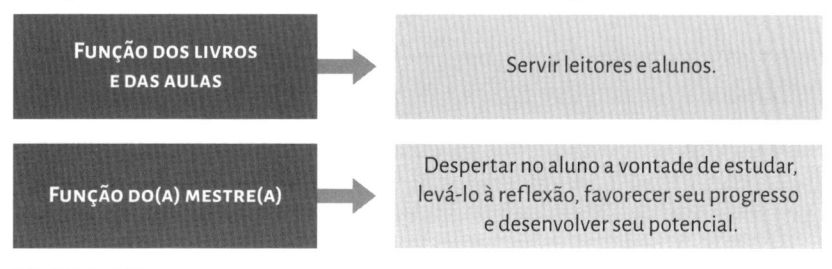

Função dos livros e das aulas →	Servir leitores e alunos.
Função do(a) mestre(a) →	Despertar no aluno a vontade de estudar, levá-lo à reflexão, favorecer seu progresso e desenvolver seu potencial.

Em ação

Para sua próxima aula, faça aos alunos uma proposta de trabalho que lhes possibilite se sentirem realizados ao cumprirem tarefas que os levarão ao encontro das potencialidades latentes de cada um. Veja alguns exemplos de ações que eles podem desempenhar:

1. Escrever um livro em conjunto.
2. Fazer uma aula no museu.
3. Entrevistar uma pessoa realizadora na área deles (cientista, atleta, artista etc.).

NÃO DEIXE DE LER!

JAMES, W. **PRAGMATISMO**. Tradução de Jorge Caetano da Silva. São Paulo: M. Claret, 2005.

Esse livro estabelece as bases do pragmatismo clássico, cujos princípios foram aplicados na concepção expressa em *Nos bastidores da sala de aula*.

PROFESSOR

Décima oitava aula
Com coragem para inovar

Os conceitos interligados

Eliobates me avistou no corredor da faculdade e veio falar comigo. Ele havia sido meu aluno há algum tempo e agora estava cursando o quarto período.

— Bom dia, Bacila! Comecei a conversar sobre direito penal com um pessoal do décimo período. Discuti uns casos com eles para ver se conseguiam resolver e eles ficaram perplexos. Quando apliquei o esboço de conceito analítico de crime, eles disseram que nunca haviam visto isso e perguntaram em que livro eu havia aprendido. Simplesmente não sabem resolver problemas reais. Cara, valeu mesmo ter sido seu aluno.

Fiquei realmente feliz. Eu sabia que havia feito a diferença para minhas turmas desde que decidi pensar em criar novas alternativas de conhecimento. Reinventava as aulas. Não seguia um roteiro sem sal de algo como "Item 1. Conceito. Item 2. Espécies". Além do mais, quando um aluno me fazia uma pergunta, eu utilizava a pergunta como janela para um ponto importante ou então verticalizava a aula.

O assunto mais importante do direito penal, o conceito analítico de crime, é estudado rotineiramente nas faculdades de Direito de maneira sedimentada e sem muita ligação. Procedendo-se assim, os estudantes raramente conseguem ter a visão interligada dos institutos, perdendo a possibilidade de resolver casos concretos de maneira eficaz.

DONIZETE

Iracema Cieli

Luciane
Lilian
Alex

Luiz Felipe
Louise
Andrea
Gilson
João Carlos
Silvia
Henrique
Luciane
Priscilla
Ana Maria
Andria
Hélcio
Israel
Carolina

Prof.
Carlos Roberto
Bacila:

Das aulas metafóricas muito se distrai! Mas, mais do que os tipos penais, dos exemplos de Amizila, Cecília, Afonso e quadrilha, as lições de vida, o modo humilde e disponível como nos ensina, conduzindo-nos pelos caminhos do Direito Penal, jamais serão esquecidas.

Em breve estaremos formados, e nos encontraremos nos corredores de fóruns e delegacias, saiba que a cada "olá' PSOR!" estará um afetivo "muito obrigado!". Essa é nossa forma de agradecimento, nesse dia dos professores.

Receba-o, com nossas homenagens, com nossa admiração!

Alunos da Turma 4° Ano A manhã Inverno UTP
2002/2003

15/10/02

Andrea Maureen ▓▓▓
Carolina ▓▓▓ Aysha
Adriano Rodrigo ▓▓▓

Andresa ▓▓▓   Estéfânia   Jonis ▓▓▓   Andressa Cristina

Esse conceito é chamado de *analítico* porque consiste na análise do crime em partes. Nele, estuda-se a ação (1 – fazer ou 2 – omitir), o tipo, a antijuridicidade e a culpabilidade (doença mental, menoridade, embriaguez, por exemplo).

Para saber se uma conduta é crime ou não, estudantes de Direito, advogados, delegados, promotores, juízes, procuradores e professores precisam analisar todos esses conceitos, item por item.

Essa matéria fundamental é ministrada em períodos que variam de dois meses a um ano, dependendo do programa de cada faculdade. Mas posso assegurar que, sem entender o conceito de *crime*, não se entende o direito penal.

Acontece que a regra geral é ministrar esse tema abordando-se os conceitos de *ação, omissão, dolo, culpa, legítima defesa* etc. e, no final da matéria, passa-se para o próximo ponto. Então, adivinhe: os estudantes não conseguem fazer a aplicação integral do tema, porque aprenderam cada item separado, mas nunca aplicaram todos os elementos do conceito em conjunto, passando do número 1 até o número 12, incluindo subitens.

Ao perceber que isso era um problema-chave para a compreensão da matéria, desenvolvi um sistema que obrigava a pensar cada item por si só, mas sempre relacionando-o em seguida com o todo. Denominei o tema de *esboço do conceito analítico de crime*.

Assim, tanto nas aulas quanto nas provas, à medida que se progride na matéria, os problemas propostos são resolvidos até os conceitos já estudados, empregando-se a avaliação desde o início. Pode-se fazer uma analogia com o ensino de História Universal. Imagine-se que a matéria da fixação dos seres humanos pela primeira vez na Mesopotâmia seja ligada com o estudo do Império Romano. Mas qual a relação? Uma delas é a decisão dos homens de se fixarem na terra e o consequente abandono da vida nômade. A outra é a influência de alguns critérios místicos e outros racionais. Outra ainda é o desenvolvimento e a manutenção de estigmas etc. Essa compreensão desde o início dos acontecimentos permite formular respostas mais completas para perguntas como: "Por que as pessoas que viviam no Império Romano eram sedentárias?", "Por que invocavam deuses para a administração das coisas públicas?", "Por que discriminavam pessoas em suas decisões coletivas?". As respostas a essas questões não são temas relacionados exclusivamente ao Império Romano, porque apresentam raízes em tempos remotos e regiões distintas.

Dessa forma, quando o aluno está estudando o elemento número 5, continua resolvendo desde o número 1, 2, 3, 4 até o 5. Quando está estudando o elemento número 12, resolve problemas que passam obrigatoriamente pelos números 1, 2, 3, 4, 5, 6, 7, 8, 9, 10 e 11. Da mesma forma, quando se conclui o conceito analítico, os alunos continuam resolvendo problemas que exigem aplicação do conceito inicial.

Logo, as provas que aplico têm um único problema e a proposição para dissertação é: "Efetue o esboço do conceito analítico da conduta acima descrita". Não importa dizer somente se a conduta é um crime ou outro ou se não é um crime. Essa é somente parte da resposta. O importante é demonstrar, elemento por elemento, conceito por conceito, e aplicá-lo no caso proposto.

A matéria fica tão enraizada na mente dos que se envolvem com ela que, mesmo depois de anos sem estudar direito penal, os alunos são capazes de se lembrar de muitos conceitos e, se estudarem a fundo a matéria, levam vantagens sobre outros estudantes que não conseguem ter uma visão integral do tema.

Trata-se de praticamente uma fórmula que é aplicada pelos estudiosos do direito penal, e ninguém mais. É o que diferencia quem conhece a matéria de quem é leigo e o quanto cada um a conhece.

Depois que desenvolvi esse sistema, que pode parecer óbvio para um físico ou matemático, mas que no direito simplesmente não é usual, pensei em quantas gerações ficaram perdidas nessa matéria, sem orientação, por falta de aulas que demonstrassem que tudo o que se estava aprendendo era muito aplicável e fundamental.

Alguns profissionais do direito simplesmente passaram a vida sem ter a noção da integralidade do direito penal. Sei disso porque convivi muito com esses profissionais.

Acredito que, além das vantagens práticas decorrentes do domínio da matéria, o sistema que desenvolvi traz ainda a vantagem da satisfação pessoal de meus alunos por poderem progredir mais nos estudos, na profissão e no próprio sentimento de dever cumprido.

O importante de tudo isso é a conclusão de que o professor pode encontrar soluções práticas para suas aulas, partindo do pressuposto de que o objetivo é que os alunos compreendam os temas, se interessem pelos assuntos científicos e percebam a importância de se procurar com suas próprias forças o conhecimento.

O que pretendi com minhas inovações foi despertar o interesse pela reflexão, pelo estudo, pelo aprimoramento. Pretendi fazer tudo isso por intermédio da facilitação do acesso aos temas da matéria, colaborando para a compreensão de conceitos de difícil compreensão.

Claro que o mérito todo é daqueles que se dedicaram ao estudo, à pesquisa, ao objetivo de vencer as dificuldades. De nada adianta facilitar o entendimento de quem não quer em nada progredir. Pode-se mudar o mundo em função da pessoa que é desinteressada. Não cabe ao professor julgar aqueles que não querem estudar, e sim fazer a sua parte da melhor maneira possível. É disso que estamos falando.

SINTETIZANDO

Para promover a compreensão dos temas abordados em sua disciplina, procure relacionar os assuntos estudados, mostrando frequentemente que estão conexos. Em seguida, demonstre sua aplicação prática.

DESENVOLVIMENTO DA MATÉRIA COM CONCEITOS INTERLIGADOS

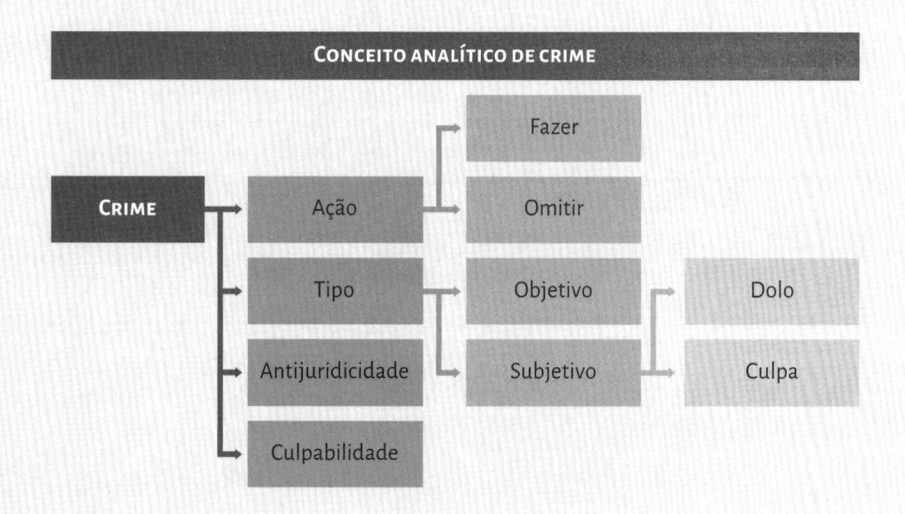

CONCEITO ANALÍTICO DE CRIME

CRIME
- Ação
  - Fazer
  - Omitir
- Tipo
  - Objetivo
    - Dolo
  - Subjetivo
    - Culpa
- Antijuridicidade
- Culpabilidade

Em ação

Para sua próxima aula, prepare demonstrações especiais da ligação do tema abordado com aspectos tratados em aulas anteriores. Em seguida, demonstre a aplicação da matéria estudada.

Não deixe de ler!

GLEISER, M. **A dança do universo**. 2. ed. São Paulo: Companhia das Letras, 1997.
Esse livro demonstra a harmonia do universo e a evolução da ciência e do pensamento para conhecê-lo.

Décima nona aula
Uma lição de elegância

O exercício da humildade

Desci as escadarias da Universidade Federal do Paraná (UFPR) ao lado de Remo, um colega do mestrado que me surpreendeu com uma revelação:

— Bacila, você percebeu a expressão que o Professor Alfonso fez quando você resolveu o problema que ele propôs para a turma?

— Não. Não percebi.

— Pois é. Prepare-se. Ele vai te incomodar durante o mestrado. Na aula passada, ele trouxe um problema que nem ele sabia como resolver. Ele faz isso para que os mestrandos pesquisem, discutam e tragam tudo pronto. Daí ele usa tudo nas petições do escritório dele, nas aulas e nos livros. Ele nos usa para resolver problemas, só que não reconhece isso quando deixa de citar nossos escritos nos textos que ele escreve. A questão é que, quando ele traz os problemas para a turma, espera que os alunos achem muito complexos e vão para a casa pesquisar. Então, ele passa a palavra para que cada um faça o comentário inicial. No entanto, vem o Professor Bacila e resolve o problema com uma aula que está acima do nível dele. Finalmente, em vez de ele reconhecer o seu comentário perante a turma e os seus méritos, ele, que agora está com a pesquisa pronta imediatamente, fica com cara de otário porque o mestrando resolveu o probleminha que ele trouxe... E hoje você nos brindou com mais uma aula de direito penal, mas ele não gostou, eu vi a expressão que ele fez. Prepare-se, ele vai te perseguir.

Fiquei perplexo com a revelação de Remo. Honestamente, eu só conhecia o Professor Alfonso pela fama que tinha como um grande mestre do direito. Felizmente, ele não havia sido meu professor na graduação. Nas últimas semanas, eu estava participando das aulas dele, muito interessado em colaborar. Além do mais, o fato de que eu era policial sempre fazia com que eu acreditasse que não bastava fazer o mesmo que os outros. Quando um estigmatizado (policial) quer ser bem-sucedido em algo, tem de se esforçar muito mais do que os outros. Fazer mestrado e doutorado era algo que, na cabeça de estigmatizadores e estigmatizados, não combina com a polícia.

Evidentemente que o pensamento estigmatizador é um grave equívoco. Isso porque todos somos seres humanos e podemos construir nosso próprio destino, ainda que existam pessoas que nutram ódio, inveja e preconceitos. Logo, todas as dádivas do universo estão disponíveis a todos os humanos. Pode-se ir além: todas as dádivas do universo estão disponíveis a todas as criaturas e energias presentes nele.

Na cabeça de muitas pessoas, isso não é assim. Então, criam-se nas mentes ignorantes modelos sociais que podemos denominar de *estereótipos*, segundo os quais pessoas rotuladas ou estigmatizadas têm de seguir um papel social preestabelecido. Assim, o estigmatizado, como tal, tem duas opções: seguir o papel medíocre e conformar-se com o estigma ou seguir seu próprio caminho, doa a quem doer. Esta última foi a minha opção.

Felizmente, mediocridades como as mencionadas anteriormente são superadas por mestres de verdade. Um exemplo é o caso que comentarei a seguir, ocorrido na sala de aula da verdadeira lenda viva da filosofia do direito, o Professor Luís Fernando Coelho.

Para variar, a sala estava lotada. Havia apenas um lugar e foi ali que me acomodei. Era a primeira vez que eu tinha contato com este mestre que, anos mais tarde, concederia a honra de partilhar comigo sua amizade. Uma destas pessoas que fazem a diferença em sala de aula. Alguém que, você percebe, está ali realmente para ensinar e que pode ensinar-lhe lições de sabedoria. Mas eu somente começaria a descobrir tudo isso naquele dia. Naquela aula que estava para começar, eu saberia o que é galhardia e dignidade de um professor.

Sentei ao lado de uma moça que eu não conhecia e que anotava tudo nos mínimos detalhes. Atraiu-me a atenção a rapidez com que ela anotava tudo e passei a admirar a letra perfeita e o texto bem escrito. Esta era uma prática que eu não conseguia adotar, mas venerava realmente aquelas pessoas que conseguiam ser bem organizadas e sistemáticas ao escrever. Achei graça que ela estava bem concentrada e absorvia cada palavra que o professor falava. Essa aluna, que até hoje não sei quem era, fazia uma expressão carrancuda na tentativa de absorver cada detalhe da aula do mestre.

Então, o meu lado moleque apareceu novamente. Falei baixinho para ela:

— Não anote isto, está errado.

A aluna olhou-me com ar de surpresa, mas achou que eu não havia falado o que falei. Ela achou que aquilo não poderia ter sido dito e ponto. Então, prossegui:

— Apague isto, está errado.

Bom, então ela sabia que não estava tendo alucinações. Sim, eu estava falando aquilo mesmo. Eu estava dizendo que o professor estava enganado e que era para ela apagar o que acabara de escrever. Tenho de admitir que eu estava me divertindo muito, principalmente quando ela me fez uma expressão que deixaria Jack Nicholson, rei das expressões faciais, impressionado. O ar era de censura, do tipo "Fica quieto aí, seu louco!".

Levantei a mão pedindo licença para falar. Ela me olhou completamente incrédula. Talvez até estivesse mesmo com medo do meu desatino. O Professor Coelho autorizou que eu falasse:

— Professor, com sua licença e com todo o respeito, estou admirado com toda a sua exposição e brilho, principalmente por ressaltar aspectos históricos da filosofia do direito e nos brindar com toda a sua sabedoria e originalidade. Todos sabemos do reconhecimento acadêmico que recebeu a teoria crítica do direito. O objetivo de minha rápida intervenção é somente tentar auxiliar a sua explicação, pois, quando o senhor definiu muito bem a norma primária e secundária, talvez tenha cometido um pequeno lapso ao atribuir a Cossio a sanção como norma primária e não a Kelsen, pois este último entendia que o fator principal da norma era a sua aplicação coercitiva como fator garantidor da atividade estatal e jurídica. Por outro lado, Carlos Cossio acreditava que o cumprimento da norma diante de seu aspecto disjuntivo era predominante, então conferia à sanção papel verdadeiramente secundário.

O Dr. Coelho parou por alguns milésimos de segundo, nitidamente fazendo uma recapitulação mental do que ele havia dito. Então, falou algo mais ou menos assim:

– Pessoal, **APAGUEM** esta última parte do que eu falei para vocês. O Professor Bacila está certo e eu inverti a norma primária e secundária para Kelsen e Cossio. Farei uma reconstituição deste trecho que havia muito eu não abordava, mas felizmente temos alguém aqui que estava bem atento na matéria. Muito obrigado, Bacila. Bem, para Kelsen, a norma primária é a sanção...

Olhei para o lado e vi a aluna me encarando. Jamais esquecerei a expressão que ela fez. Gostaria de ter tirado uma fotografia. Era um olhar de assombro. Como se ela tivesse visto finalmente um óvni que estivesse prestes a abduzi-la. Ou então parecia que alguém a tinha levado para uma viagem no túnel do tempo em que ela pôde visitar dinossauros. Outra possibilidade é que ela tivesse visto o Jason, do filme de terror *Sexta-feira 13*, sair das telas do cinema para sentar-se ao lado dela e conversar sobre temas banais, como se ela fosse amiga íntima dele. Naquele momento, eu fazia o papel do Jason.

Ela apagou tudo e o Professor Coelho retomou a aula magistral com toda a elegância e a exatidão que lhe são peculiares.

Algumas coisas me ficaram claras naquele dia. No caso ora narrado, como o Professor Coelho admitiu logo ter cometido um pequeno lapso, todos admiraram sua atitude e sentiram ainda mais confiança no seu magistério. Da minha parte, não cabia em mim de felicidade, porque ele sabia meu nome. Como isso se deu, eu nunca soube, mas achei muito legal. Vi naquele exemplo de grande ser humano duas lições sendo ministradas: a humildade em reconhecer o erro e a elegância em chamar o aluno pelo nome.

Por outro lado, reconheço que fui respeitoso quando solicitei para falar durante a aula do Professor Coelho: levantei a mão, pedi licença e falei com muita educação. Não apontei o erro diretamente, mas com cuidado fui evidenciando que se tratava de um pequeno lapso, como de fato foi.

Esta é uma boa sugestão para o tratamento dado aos alunos quando cometem erros: não apontar diretamente para o erro, mas sutilmente levá-los à resposta correta. Professores e alunos são sensíveis à correção direta ou áspera. Lembre-se de jamais apontar diretamente para os erros de seus alunos. É melhor primeiramente ressaltar as virtudes, por exemplo, elogiando o fato de o aluno estar procurando aprender corretamente o tema, ou ter lido um texto diferente, ou ter tido a coragem para perguntar. Esta é uma regra de boa comunicação. E é disso que precisamos quando estamos em sala de aula, não é?

Existem grandes professores, mestres de verdade, que dignificam o magistério. Seres que iluminam alunas e alunos e fazem aqueles que se sentam para assistir a uma aula evoluírem um pouco mais.

Depois daquele dia, tive outro contato com o Professor Coelho que foi memorável. Dali para a frente nos tornamos bons amigos e eu passei a admirá-lo ainda mais. Ele tem uma cultura assombrosa, ideias inovadoras e também admira arte e poesia, tendo escrito um livro com belíssimos poemas.

Sempre terei na memória a aula magistral que eu e a garota que sentava ao meu lado recebemos do verdadeiro mestre.

Sintetizando

Para ter o respeito dos alunos, reconheça imediatamente o erro que cometeu.

> Quando cometer um erro, reconheça-o imediatamente!

> Quando o aluno equivocar-se, seja sutil ao explicar a matéria sem ofendê-lo ou envergonhá-lo.

Em ação

Em sua próxima aula, quando os alunos cometerem erros, minimize a importância do fato (errar é humano). Quando acertarem, elogie-os sinceramente (o progresso também é seu!).

Não deixe de ler!

BECKER, H. S. **Métodos e técnicas de pesquisa em ciências sociais**. 4. ed. Tradução de Marco Estevão e Renato Aguiar. São Paulo: Hucitec, 1999.
Elaborado por um grande sociólogo que vivenciou a experiência de infiltrar-se em sociedades alternativas ou não convencionais (músicos, usuários de drogas, estudantes adolescentes etc.) para poder revelar linguagens e conceitos não convencionais, esse livro demonstra a excelência da pesquisa de campo.

Vigésima aula
A magia da leitura

A importância de indicar livros

Nunca me julguei um grande orador ou animador de torcidas ou um artista. Mas sempre me dediquei bastante. Um orador não é necessariamente um professor. A oratória auxilia muito o magistério, mas nunca supera a dedicação individual para ministrar-se uma boa aula. Jamais. Esta é uma questão sempre muito importante. Inúmeros recursos auxiliam o magistério: quadro, giz, *datashow*, internet, conhecimento teórico do assunto, vivência experimental da matéria, didática, oratória etc. Mas nada, nada supera a vontade sincera de contribuir com o aprendizado daquelas pessoas que estão sob sua responsabilidade na sala de aula.

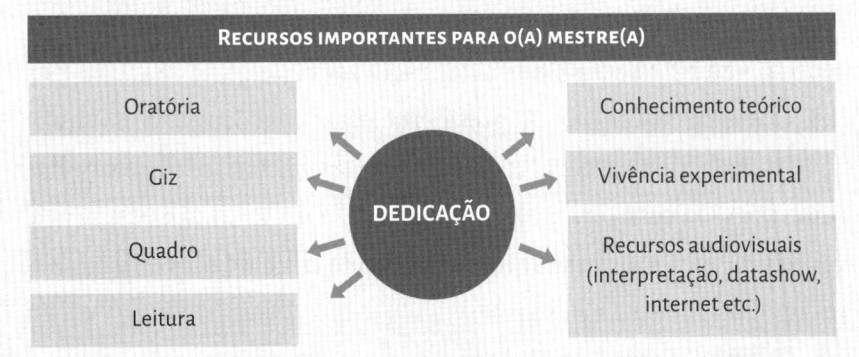

RECURSOS IMPORTANTES PARA O(A) MESTRE(A)

- Oratória
- Giz
- Quadro
- Leitura

DEDICAÇÃO

- Conhecimento teórico
- Vivência experimental
- Recursos audiovisuais (interpretação, datashow, internet etc.)

Quando percebo que consegui persuadir os alunos a lerem alguma coisa, sei que fiz algo importante. Sempre que inicio os trabalhos com uma turma, recomendo que leiam um texto magnífico. É um texto de domínio público e um verdadeiro patrimônio da humanidade. Digo em tom de brincadeira e desafio:

— Não sei se vocês conseguirão, mas talvez consigam ler um texto muito especial. Vocês têm que digitar no campo de pesquisa do seu buscador na internet a expressão "Mensagem a Garcia" e aparecerá o texto de Elbert Hubbard. O problema é que eu sei que vocês são muito ocupados. Talvez não tenham tempo de ler esse texto que tem... deixem-me calcular... três páginas! Será que conseguirão ler esse texto até a próxima aula?

Todos riem. Numa turma de 100 alunos, entre 6 a 12 leem o texto até a aula seguinte, alegando que valeu a pena a indicação. Isso equivale a aproximadamente 10% numa primeira tentativa. Temos de ser francos – precisamos ler mais. Muito mais.

"Mensagem a Garcia" é um destes escritos mágicos que têm impressionado gerações. O título do artigo teve origem num evento ocorrido durante a guerra entre Estados Unidos e Espanha. O presidente norte-americano William McKinley teve de fazer contato urgente com o líder dos revoltosos em Cuba, de nome Garcia. Na época, não havia como lhe enviar mensagem de outra maneira que não fosse pessoalmente. O presidente estava preocupado em saber quem poderia entregar a mensagem a Garcia. Então, disseram-lhe que a pessoa certa era Rowan, ninguém mais. E Rowan cumpriu a difícil missão, sem hesitação, enfrentando dificuldades e riscos inimagináveis contra a sua vida.

O texto, escrito em 22 de fevereiro de 1899 e inspirado em uma conversa entre Hubbard e seu filho, foi lido logo após sua publicação, por mais de 40 milhões de pessoas. E não havia internet. Nessa época, vivia-se o auge do capitalismo sem freios e a ideia de Hubbard era polarizar a discussão entre generais e soldados, patrões e empregados e, por que não dizer, professores e alunos.

Contudo, Hubbard era um pensador muito profundo e conseguiu ver os dois polos, tanto o lado do "patrão", quanto o lado do "empregado". Constata-se isso no seguinte parágrafo do escrito ora comentado: "Também eu carreguei marmitas e trabalhei como jornaleiro, como também tenho sido patrão. Sei, portanto, que alguma coisa se pode dizer de ambos os lados.".

Numa ocasião em que eu ministrava um curso em Brasília, na Câmara Federal, um aluno me disse que achava discutível o fato de se cumprirem ordens automaticamente, sem discuti-las ou refletir sobre elas. Achei muito interessante o pensamento do aluno, enaltecendo a importância do senso crítico. Refleti sobre a questão proposta pelo aluno e ponderei:

— Você está absolutamente correto no que diz respeito à necessidade de verificação da justiça e legalidade da ordem. Não há dúvidas de que somente devemos cumprir ordens legais. Entretanto, tento interpretar "Mensagem a Garcia" em termos atuais. Como poderia ser útil esse precioso escrito, se atualizado e adaptado a nossa realidade? Imagino que podemos entender a "mensagem" como uma missão pessoal ou até mesmo um objetivo. Depois de estabelecido um objetivo, temos que fazer tudo quanto for possível para cumpri-lo. Se não for assim, como poderemos ter confiança em nosso poder de realização no trabalho, no lazer, na honra, na satisfação pessoal, na dignidade, na palavra dada, enfim, em nossos desejos, sonhos e anseios mais profundos?

E continuei minha argumentação:

— Sejamos mais específicos neste assunto. Não estou afirmando que temos que ser radicais, mas vejamos sob o prisma da persistência. Ao termos um emprego e querermos mantê-lo ou progredir nele, devemos cumprir as missões que nos são passadas. Ao termos um desejo, sonho, anseio, enfim, um projeto pessoal, depois de pensado e repensado, então não temos mais nada a fazer do que reagruparmos as forças e colocarmos nossos pensamentos, energias e, principalmente, ação para atingir a finalidade pensada. A partir do momento em que decidimos o que faremos para atingir nosso objetivo, devemos rir das dificuldades, zombar das pedras no caminho, achar graça dos comentários negativos e dar de ombros para o descrédito alheio. Aí está a receita para o sucesso de nossos planos. Prosseguir. Andar mais. Dar mais um passo, aguentar o tranco. Dar mais um passo. Coragem é aguentar um pouco mais.

Como sei que muitas pessoas não têm o hábito da leitura diária (claro que há exceções), tomo cuidado com os textos que indico, evitando indicar no início textos maçantes, cansativos, ainda que de ótima qualidade. No início, prefiro os textos muito mais agradáveis, amenos, estimulantes. À medida que o aprendiz se aprofunda, começo a trabalhar com leitura mais densa, profunda, prolixa, mas não menos interessante. A ideia é que, se aquelas pessoas que não leem regularmente passarem a se interessar pela leitura, estamos vencendo o obscurantismo e criando a independência no espírito crítico e construtivo.

Ler, por si só, já é uma aventura. O melhor investimento que fiz na vida foi a aquisição de livros. Comprei muitos livros durante minhas incursões em sebos e livrarias. Os livros me retribuíram com um razoável progresso profissional e espiritual. Livros e professores são dois elementos que combinam perfeitamente.

O livro foi escrito para ser lido integralmente. Somente alguns tipos de livros foram feitos para consultas parciais, como é o caso do dicionário ou da enciclopédia. Thomas Edison não sabia disso e acabava lendo tudo o que encontrava. Isso lhe trouxe vantagens, não é mesmo? Ele conseguiu iluminar o mundo ao implantar a lâmpada elétrica e tudo o que decorreu dela. Até parece que o livro está dizendo "Leia-me!". E, quando você lê o livro pela segunda ou terceira vez, é a felicidade suprema do ego do livro. Então, façamos o livro sorrir!

Sintetizando

Para estimular a leitura desde o início, indique livros claros e agradáveis.

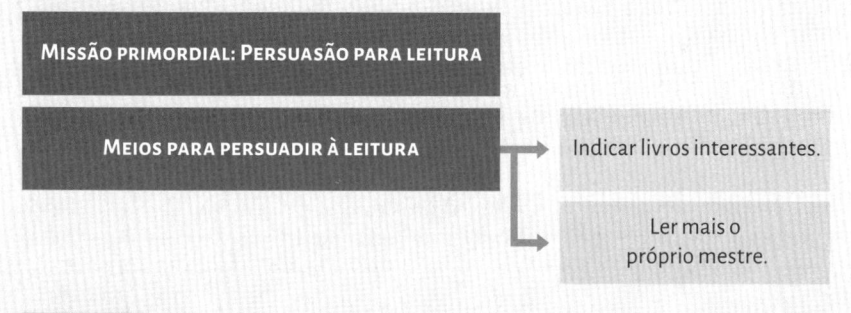

Missão primordial: Persuasão para leitura

Meios para persuadir à leitura	→	Indicar livros interessantes.
	→	Ler mais o próprio mestre.

Em ação

Para sua próxima aula, escolha uma biografia sobre um autor da sua área de atuação que você tenha lido e gostado e indique para a turma, sintetizando os pontos fundamentais do livro.

Não deixe de ler!

RANGEL, P. **Crônicas do cotidiano**. Rio de Janeiro: Sinergia, 2012.

Nesse livro, o autor apresenta inteligentes crônicas úteis para reflexão. Muitas das histórias de Paulo Rangel são baseadas em experiências vividas por ele mesmo, nas quais sempre descobria o lado cômico de tudo. Trata-se de leitura preciosa e imperdível para o mestre que quer ter acesso a um arsenal de relatos feitos por um grande juiz e professor.

Vigésima primeira aula
O exercício da imaginação

Preparação filosófica

A aula fora ministrada por um grande expoente da sociologia em nosso país, o Professor Dr. Edmundo Arruda. O tema era Max Weber, e a turma era formada em parte por professores que pretendiam concluir o mestrado ou o doutorado em Direito pela Universidade Federal do Paraná (UFPR), em parte por bolsistas que haviam cursado algumas disciplinas com o Professor de Filosofia Joaquim Herrera Flores.

O Professor Edmundo queria organizar os grupos para a aula final, na qual todos fariam uma apresentação sobre um livro relacionado a Max Weber, cuja autora seria convidada para assistir aos seminários.

Não sei por que, fui escalado para a turma dos bolsistas. Quando cheguei para a reunião, alguns colegas já estavam organizando as fichas de leitura e expondo os resumos que tinham feito do livro sobre Max Weber.

Cecília perguntou para mim:

— Você não foi para a Espanha para cursar a disciplina do Professor Herrera Flores, certo?

— Na verdade, não tive a oportunidade, somente assisti ao curso do Professor Herrera quando ele esteve no Brasil, aqui em nossa universidade. Na ocasião, providenciei as filmagens das aulas e arquivamos o curso dele na videoteca da Academia de Polícia, na época em que fui vice-diretor.

— Você é policial?

— Sim...

— E está fazendo o mestrado ou é aluno convidado?

— Estou cursando o doutorado.

— Ahh...

Cecília deu um sorriso amarelo e desinteressou-se pela conversa. Os colegas expuseram o resumo das fichas que fizeram sobre o livro. Eu não havia feito a ficha de leitura, porque não havia sequer lido o livro que seria fichado.

A história se repetia desde o jardim de infância, a diferença é que eu já sabia lidar com aquilo. Quando chegou a minha vez, em vez de ler a ficha, resolvi fazer um comentário sobre o pensamento da autora do livro. Era uma opinião com base no que eu havia acabado de ouvir. E eu me atrevi a dizer que não concordava com as ideias principais esboçadas pela escritora.

Cecília deu uma risadinha e olhou para as colegas que haviam estudado com ela, que também sorriram discretamente.

— Desculpa — interferiu Drusila —, mas é que não tem como não achar graça. A autora do livro ficou seis meses estudando na Europa só para fazer a pesquisa da obra. Você acha que nós estamos no nível de criticá-la?

— Acredito que sim — respondi. — É para isto que serve o seminário. Podemos criticar o próprio Max Weber, desde que tenhamos fundamento.

Não sei por que, mas tive a sensação de que naquele dia eu fui o cara que desfez o grupo. Cecília disse que tinha um compromisso e foi seguida pelas amigas. Achei que elas estavam sendo intolerantes por não se fixarem no tema em si para o debate, mas exclusivamente no currículo das pessoas que produziram os textos. Esta é uma armadilha a que eu não sucumbia mais. Procurava sempre analisar o conteúdo das ideias, independentemente de quem as havia escrito. É claro que o objetivo com essa atitude é o desenvolvimento do senso crítico.

Na sexta-feira da semana seguinte era a véspera do grande dia, em que todos deveriam fazer uma exposição sobre o livro da autora local. O meu preparo até então tinha sido a leitura do referido livro, que fiz durante a semana, mas eu havia deixado para preparar minha exposição naquele dia à noite. Quando apanhei os papéis e estava preparado para escrever a primeira linha do que eu falaria, o telefone tocou.

— Bacila, é o Remo. Vai ter jogo hoje. Começa daqui a meia hora. Pode aparecer.

Joguei a toalha. Anos de vício não se curam da noite para o dia. Apanhei o material esportivo e me arranquei para o campo. Jogamos muito mesmo. Não havia outras equipes e o jogo só parou quando estávamos completamente exaustos. Parecíamos crianças. Cheguei em casa e olhei para o relógio: 00h30min. Um leve sentimento de culpa apareceu novamente. Fui para o chuveiro, coloquei o pijama e deitei.

Embora eu estivesse fisicamente cansado, minha cabeça estava alerta e lembrei-me do pseudodebate que tivéramos no grupo em que eu fora incluído. Deixei a lembrança de lado e concentrei-me completamente no livro. Depois de refletir um pouco, pensei: "Os dois estão equivocados – a autora e Max Weber!" Então, mentalizei os argumentos favoráveis e contrários e dei um salto da cama:

— Estão errados mesmo!

Eu não precisava saber todos os aspectos da sociologia de Weber. O objetivo do debate se referia a um ponto de vista específico: o desencantamento.

De repente o despertador tocou. Era o grande dia. Fui para a universidade numa bela manhã de sábado. Havia pelo menos 40 pessoas na sala e as falas foram muito simétricas e elegantes. Todas elas expuseram pontos em que a autora discorria com muito esforço para captar o máximo possível das intenções de Weber. Todos os seminários concluíram: "Com o avanço da ciência e da tecnologia, do conhecimento, enfim, o mundo ficará completamente previsível e o ser humano viverá um crescente desencantamento".

Coincidência ou não, eu seria o último a falar. Perguntei em voz baixa ao Professor Edmundo:

— O senhor se importaria se eu discordasse da autora do livro?

— Claro que não, Bacila, vai ser muito legal para animar o debate final.

— Sério mesmo professor? E se eu contrariar o próprio Max Weber?

— Fique tranquilo. Sei que muitos professores não aceitam pontos de vista contrários. Mas não é o meu caso. Não sou inseguro. Vai firme.

Senti veracidade nas palavras de Edmundo. Comecei a apresentação falando dos pré-socráticos, como um preparo para os três clássicos: Sócrates, Platão e Aristóteles. Rapidamente discorri sobre Santo Agostinho, que aderiu a Platão, e São Tomás de Aquino, que revitalizou Aristóteles. Mais adiante expus ideias-chave de Comte, Spinoza, Kant e Hegel.

A partir desse ponto fiz uma análise das reviradas dialéticas que ocorreram na ciência, por exemplo, demonstrando o equívoco aristotélico do sistema conhecido como *geocêntrico* ou *ptolomaico*, contestado por Bruno, Galileu, Tycho Brahe, Leibniz e que culmina com a física newtoniana. Destaquei, ainda, que esta última, por sua vez, encontrou um paradoxo enigmático entre dois sistemas que se opõem:

Teoria da relatividade de Einstein
×
Física quântica de Max Planck

A perplexidade de dois sistemas que até hoje estão demonstrando sua aplicabilidade por meios tão díspares faz com que os enigmas do universo pareçam apenas estar começando a surgir.

Então, mencionei as discussões no direito que, longe de se pacificarem, tornaram-se cada vez mais complexas.

Antes de finalizar, demonstrei que na linha filosófica preconizada por Weber há fortes nuances das ideias de Adorno, Horkheimer, Hart e Habermas. Para finalizar com um pouco mais de ilustração, fiz um rapidíssimo resumo da história do xadrez, sobre o qual ainda não se respondeu à pergunta: É ciência, esporte ou arte? Contei a história mítica dos enxadristas Paul Morphy, William Steinitz e Emanuel Lasker, demonstrando que ora havia racionalismo (Steinitz), ora psicologia (Lasker), ora mistério (Capablanca). Lembrei-me de Alekhine, Fischer, Capablanca e Kasparov.

Por fim, concluí:

— O mundo está longe de ser previsível. O mundo caminha sempre para o encantamento! O universo adora o movimento! Muito obrigado!

Quando terminei a fala, estava muito concentrado, até que percebi um desencadear de palmas que soou efusivo. Fui para o meu lugar de sempre, o fundão, onde me sentei e aguardei.

A análise dos seminários iria começar e o Professor Edmundo foi à frente para fazer seus comentários. Começou a falar sobre as atuações, uma a uma, destacando vários detalhes e, no final, fez as recomendações cabíveis:

— Cecília, você fez um resumo muito claro sobre Weber, mas precisa ler um texto do Dworkin... Drusila, você organizou bem a exposição, mas seria interessante estudar um pouco mais Luhmann. Alfonso, leia Roscoe Pound. Francine, que tal ver Eugen Ehrlich?...

Por último:

— Bem, vocês todos me desculpem a franqueza, mas o Bacila está em um nível de conhecimento bastante elevado. Nós tivemos hoje uma aula de epistemologia por parte dele e eu só lamento que a autora do livro sobre Max Weber inexplicavelmente não tenha comparecido. Ela poderia reavaliar muitas de suas ideias.

Não consigo lembrar todas as palavras calorosas que Edmundo, na sua generosidade, dirigiu a mim. Somente consigo lembrar o sentimento de felicidade que me sobreveio. Além disso, os colegas que fizeram parte do meu grupo mudaram completamente de atitude.

Cecília aproximou-se e disse:

— Meu Deus! Você parece um fichário ambulante! Como consegue decorar tantos nomes?

Um outro professor que também cursava a disciplina veio falar comigo:

— Bacila, que livro você sugere para eu começar a estudar filosofia?

— Colega, fico envaidecido com a sua consideração e admirado com a humildade. Mas, se eu começasse hoje a estudar filosofia, certamente escolheria *O mundo de Sofia*, de Jostein Gaarder.

Ele anotou e perguntou:

— E depois?

— *A história da filosofia*, de Will Durant.

Ele anotou tudo o que falei. Eu encontraria esse colega novamente em outra faculdade onde lecionávamos. Lembro-me de nossos diálogos interessantíssimos na sala dos professores.

Conheci colegas por quem tenho amizade e respeito até hoje, mas, certamente, naquele dia alguns colegas me conheceram também, e eu mesmo conheci um pouco mais de mim!

SINTETIZANDO

Para ter uma forte base em suas aulas, estude filosofia.

PONTOS A SEREM PENSADOS

Independentemente da importância do(a) autor(a) e da teoria, pense com seus próprios argumentos se a formulação está correta.	Não se impressione com bravatas ou comportamentos arrogantes: normalmente são sinais de insegurança.
Acredite no seu potencial para desenvolver os trabalhos. Todos somos capazes. É uma questão de preparação e empenho.	Se as teorias estivessem todas corretas, por que elas são refutadas com o passar do tempo?
	Estude filosofia!

EM AÇÃO

Leia sobre um tema da filosofia que lhe atraia a atenção e que tenha ligação com uma matéria a ser abordada em uma de suas aulas. Durante a aula, mencione a conexão. É uma ótima ilustração!

NÃO DEIXE DE LER!

MORRIS, C. **OS GRANDES FILÓSOFOS DO DIREITO**. Tradução de Reinaldo Guarany. São Paulo: M. Fontes, 2002.
Nesse livro, o autor discorre sobre filósofos clássicos, resumindo suas ideias e perspectivas.

Vigésima segunda aula
Método de estudo

Ferramentas para as aulas, a profissão e a vida

Remo me ligou pela manhã e perguntou se eu poderia passar rapidamente no curso preparatório que ele dirigia. No ano anterior, eu havia lecionado em sete cursos preparatórios, dentro e fora da cidade. Terminava o expediente de oito horas de trabalho, os colegas iam para os bares e eu ia lecionar. Nos feriados, as famílias viajavam para a praia e eu viajava para lecionar em outro curso. O que me atraía em primeiro lugar era a satisfação de ver o progresso de meus alunos, as congratulações que eu recebia no final da aula, as palavras de incentivo, tudo isso conta muito. É energia pura. Não tem preço.

Por outro lado, meus rendimentos estavam indo razoavelmente bem, tendo em vista que minha agenda estava lotada para cursos. Mas é claro que, com o passar do tempo, percebi que eu deveria dedicar mais tempo para mim mesmo, para meu lazer. Então, para evitar pegar mais aulas além daquelas que eu tinha na faculdade, decidi estabelecer um preço bastante alto para a hora/aula.

Remo me cumprimentou e foi direto ao assunto:

— Você poderia voltar a lecionar para o nosso curso? Vou te falar a verdade, tentei contratar outros professores mais em conta, mas não deu certo porque eles vêm cheios de teorias mirabolantes. Só que os alunos não estão aqui para aprender filosofia, eles precisam de resultados para os concursos que estão prestando. Curso preparatório é para prepará-los para as provas de concursos. Será que os professores não percebem isso? Preciso que você volte.

— Mas eu estou com a agenda lotada, preciso de um tempo para descansar.

— Quanto você vai querer por aula? Faça seu preço.

Falei o valor.

— Por noite? — ele perguntou.

— Por aula — respondi.

— É muito caro, não acha?

— Tenho visto o quanto jogadores e cantores ainda não tão preparados estão recebendo por aí. Você não acha que os professores devem ser mais bem remunerados?

— Os alunos realmente gostam da sua aula, mas por esse preço tive uma ideia. Você fará a aula inaugural, uma aula em que passará dicas para os alunos sobre o que eles podem fazer para obter sucesso nos concursos. O que acha?

Fui para casa bastante empolgado com a mudança do foco. Sempre procurei passar dicas para os estudantes, mas agora eu faria isso tudo de maneira sistemática. Eu já sabia muito bem qual seria o tema. Na verdade, eu estava muito ansioso para falar.

A sala tinha aproximadamente 120 estudantes e eu estava utilizando microfone. Reproduzo, a seguir, a explicação que dei naquele encontro sobre como surgiu o método que eu usava.

> Durante uma madrugada, eu assisti em um programa de TV a uma exposição daquele que é considerado o mais premiado músico de *jazz* da atualidade: Wynton Marsalis.

Marsalis nasceu em 18 de outubro de 1961, ganhou oito Grammys na categoria de *jazz* e música erudita e tem uma média de 120 concertos por ano. Recebeu o Prêmio Pulitzer e a revista *Time* o apontou, no ano de 1996, como uma das pessoas mais influentes da América.

Com muita disciplina e dedicação, Marsalis sempre destacou a necessidade de conhecer as raízes da música, seus expoentes e pensamentos.

A questão é que, ao assistir à exposição do método que Wynton Marsalis recomendava a seus alunos de música, observei que poderia fazer adaptações para estudantes que fazem cursos preparatórios, alunos em geral, professores, trabalhadores, enfim, fiz uma adaptação do método de Marsalis para todas as atividades.

Aliás, o método de estudo de trompete proposto por Marsalis deveria ser seguido por todos aqueles que pretendem progredir na arte, na ciência, no esporte, na profissão... Vejamos como podemos adotar seus valiosos ensinamentos em nosso dia a dia:

1. **Procure um professor.**

Procurar um professor que se reputa de grande conhecimento na área em que queremos uma orientação para estudo é fundamental. Agindo assim, podemos ter um melhor aproveitamento nos estudos, receber a indicação de um bom livro ou entender melhor um determinado ponto da matéria. A orientação do mestre pode ser no sentido de aconselhamento sobre uma determinada profissão ou pesquisa que estamos fazendo. Nesse sentido, procurar um professor pode ser também buscar o aconselhamento de uma pessoa experiente na área, um especialista ou, por exemplo, um amigo que foi bem-sucedido em um concurso. Matricular-se num curso, de certa forma, é procurar orientação de um professor.

2. **Tenha um horário de estudo e estude.**

Evite adiar esse horário. Procure cumpri-lo rigorosamente. Não arrume desculpas para deixar de estudar hoje. Não deixe para amanhã. Estude agora. Marsalis recomenda um estudo médio de seis horas por dia. Claro que, se trabalhamos e assistimos a aulas, talvez na maioria dos dias da semana possamos estudar somente uma hora ou duas por dia. Mas nos sábados e domingos teremos mais tempo. É importante estabelecer um horário porque passamos a ter organização e compromisso conosco mesmos. Quando chega o horário de estudo, ficamos mais dispostos, pois nosso organismo acaba se acostumando.

3. **Relaxe e estude devagar.**

Não queira aprender tudo rapidamente. Relaxamento não quer dizer sonolência, mas ausência de tensão ou preocupação, que normalmente surgem quando temos ansiedade sobre a possibilidade de conseguirmos assimilar um ponto ou outro de estudo. Deixe as informações fluírem naturalmente sem querer cobrir todas as matérias em tempo recorde. Vá com calma.

4. **Aprenda com seus erros.**

Para acelerarmos o nosso progresso, precisamos verificar o que estamos errando. Nos concursos, é preciso identificar a matéria em que estamos tirando notas baixas ou a razão por que não conseguimos acertar esta ou aquela questão. Fazer uma autoavaliação dos erros requer humildade, coragem e isenção. Temos de saber no que estamos acertando, no que estamos indo bem, mas precisamos verificar quais são nossos pontos falhos para corrigi-los. Isso é muito importante.

5. **Pratique as partes mais difíceis por mais tempo.**

Se um jogador somente chuta com o pé direito, é preciso que ele treine muito para aprender a chutar com o esquerdo também. Se necessitamos de um aprimoramento em História, não adianta somente estudarmos Filosofia porque gostamos, é necessário estudar mais História. Praticando o que para nós é mais difícil, aprimoramos nossas qualidades e melhoramos realmente nossos resultados.

6. **Estipule objetivos.**

Procure atingir cada meta planejada. Por exemplo: ler um capítulo na próxima hora e resumir o capítulo na hora seguinte. Cada atividade pode ter objetivos a serem estipulados. Procuro pessoalmente estabelecer objetivos a curto, médio e longo prazo: planejo estudar um tema na próxima hora; durante a semana planejo estudar tantos capítulos e ler um livro; no final do ano pretendo ser aprovado nas matérias que estou cursando; pretendo concluir a faculdade nos próximos cinco anos; nos próximos dez anos pretendo ser aprovado num concurso público; mais adiante, tendo já uma boa fonte de sustento, planejo ser aprovado num determinado concurso público.

Se pretendo escrever um livro, escrevo uma página por dia, um capítulo por mês, e assim sucessivamente. Posso planejar fazer uma viagem daqui a 3 anos ou adquirir uma casa própria nos próximos 20 anos. Se vocês acham isso pouco ambicioso, imaginem que a imensa maioria das pessoas não faz nada disso, e o tempo vai passando.

Contarei meu próprio exemplo: levei 15 anos para adquirir meu apartamento. O detalhe é que eu planejei como eu queria que ele fosse e como eu faria para economizar e conseguir comprá-lo.

Estabelecer objetivos é fantástico e libertador. Mesmo que estivéssemos perdidos em uma ilha ou mesmo que estejamos nos divertindo de férias, é importante estabelecer objetivos. Se não for assim, para onde vocês pretendem ir? Acostumem-se a estabelecer objetivos.

7. Concentre-se.

Ouçam o barulho do ar condicionado. Agora, prestem atenção ao barulho dos carros lá fora. Todos aqui nesta sala têm capacidade de concentração. Porque todos observaram e individualizaram os sons que pedimos para observar. A concentração para os estudos é fundamental para o aprendizado e o progresso. Imaginem se vocês ficam pensando no aluguel atrasado ou no que terão que dizer amanhã às suas namoradas ou namorados. Para estudar bem, é necessário concentração. Se estudarem concentrados, além de obterem melhor rendimento, ajudarão sua saúde com os benefícios que a concentração em uma tarefa mental e interessante proporcionará a vocês.

Digo mais, só consigo ministrar as aulas que vocês têm comigo se eu estiver concentrado. Deixo tudo de lado e somente penso nos temas que estudamos aqui. Isso me faz bem. A concentração fará bem a vocês também!

Talvez, uma dica para melhorar a concentração de vocês seja imaginar as coisas que estão estudando, como se estivessem acontecendo na realidade. Tentem brincar com a imaginação, não deixem que a matéria seja uma simples repetição de palavras. Pensem em fatos reais que saem dos livros logo após a leitura de um tema. Isso fará vocês entenderem os assuntos. Criem fotografias ou filmes, diálogos e desenhos sobre o assunto, ainda que essas criações estejam somente nas suas mentes.

Uma aluna então pergunta:

— Você poderia dar um exemplo, professor?

— Claro que sim. Olívia Palito está conversando com Popeye na beira do navio. O forte marinheiro Brutus empurra Olívia, que se choca contra Popeye. Popeye cai no mar. Olívia sofre uma coação física irresistível. Ou seja, **COAÇÃO FÍSICA IRRESISTÍVEL** é a força que a pessoa não pode suportar.

Como vocês podem ver, quando criamos o quadro mental do tema, o assunto fica mais claro e vivo. Diferente de simplesmente decorarmos a frase: coação física irresistível é a vis compulsiva.

8. **Tenha ideias próprias.**

Métodos são apenas meios para a maioria das pessoas aprender. Vocês podem ter outra forma de fazer isso. Muitas pessoas preferem estudar lendo em voz alta. Outras gostam de ouvir música ou participar de um grupo de estudos. Outros se adaptam bem lendo perguntas e respostas ou desenhando. Cada um deve procurar o manual de que gosta mais, a maneira mais agradável e produtiva para aprender. Por sermos pessoas diferentes, precisamos de métodos diferentes e nós é que devemos descobrir qual é a melhor maneira de estudar, trabalhar ou dar aula. É claro que devemos primeiro conhecer o que já existe e talvez nos beneficiemos disso. Mas não devemos nos impressionar se o nosso jeito for diferente dos outros caso funcione bem para nós. O presente método, por exemplo, pode funcionar para o Marsalis e outras tantas pessoas, mas para outras não. Tenha o seu próprio método.

9. **Não se exiba.**

Não tente se exibir. Não vão gostar de você. Seja natural. Exibir-se quer dizer tentar chamar a atenção o tempo todo, sendo inoportuno ou gabando-se disto ou daquilo. Marsalis conta que, quando era adolescente e se apresentava, tocava as escalas musicais no trompete em alta velocidade para impressionar as pessoas. Quando seu pai percebeu, falou para ele que isso não era consistente e que músicos peritos saberiam que ele simplesmente fazia as escalas rapidamente. Os que tocam por aplauso não ganham mais do que aplauso. Ter humildade é muito importante.

10. Seja otimista.

Otimismo gera uma energia produtiva, que traz bons ventos para as coisas. Otimismo gera ânimo e este gera ações que fazem bem às pessoas e a si mesmo. Façamos uma experiência mental. Imaginem um aluno pessimista, que acredita que tudo é difícil e reclama de tudo. Essa energia negativa afetará os resultados dele, não há dúvida. Desde o momento em que ele estuda até o momento em que faz os testes dos concursos, o pessimista será afetado pela energia negativa. Contudo, se adotarmos um otimismo sadio, no sentido de que sabemos que temos todas as condições para obter sucesso e que procuraremos os meios para atingi-lo, então, tal energia beneficiará nosso aprendizado e realização.

Além disso, a energia otimista atrai pessoas alegres, otimistas e realizadoras e é disso que precisamos. No caso do professor, aquele que atuar com pessimismo esvaziará a sala de aula. Aquele que for otimista atrairá alunos interessados. O sucesso depende da energia otimista.

11. Procure conexões com outras coisas.

As conexões são infinitas. Um operário, cujo sonho era tornar-se um atleta corredor, trabalhava em um local distante de sua residência. Então, ele estabeleceu a seguinte conexão: vestia seu equipamento de treino e ia correndo para o trabalho. Chegando lá, tomava banho, colocava seu uniforme e, quando voltava para sua casa, fazia o trajeto correndo.

A conexão estava na necessidade de ir para o trabalho. Se ele fosse correndo, aproveitava a necessidade de locomover-se e, ao mesmo tempo, treinar para as competições. Ele conseguiu as seguintes vantagens com essa conexão: 1) fazia o treinamento que lhe era tão importante para atingir seus objetivos como desportista; 2) economizava o valor que seria destinado ao meio de transporte, economia esta que para um operário é bastante expressiva; e 3) melhorava sua saúde física e mental, pois sentia que estava ganhando tempo. O resultado foi a vitória em uma competição nacional. Eu soube disso porque ele mesmo o declarou em uma entrevista na televisão. Notamos aqui que o referido operário também estabeleceu objetivos e atuou com otimismo. Os métodos misturam-se para fortalecer uma mente ativa.

12. Tire o som da nota como se fosse caldo.

Sem exibir-se, treine bastante, pois assim seu estado natural fará com que você consiga alcançar o melhor da sua atividade ("tirar o caldo da nota"). Percebemos a grandeza de fazer as coisas com expressão quando vemos uma atriz interpretar bem um papel ou um jogador fazer o melhor que o esporte permite em uma partida.

Mas podemos fazer isso também em nossas atividades. Fazer a coisa bem-feita, com intensidade. Sair-se magistralmente em um concurso ou então ministrar uma aula expressiva que envolva a todos. Fazer o que se tem de fazer com expressão é a essência da própria vida. Cabe a nós encontrarmos essa intensidade mágica em nossas atividades.

Os alunos anotaram item por item, ávidos para começarem a aplicar, ainda naquele dia, as valiosas dicas de estudo e trabalho. Eu mesmo procuro me esforçar e aplicar os conselhos do sábio Marsalis, adaptados à minha realidade.

SINTETIZANDO

Para progredir diariamente, adote um método de estudo.

MÉTODO DE ESTUDO DE WYNTON MARSALIS – ADAPTADO
Procure um(a) professor(a).
Tenha um horário de estudo e estude.
Relaxe e estude devagar.
Aprenda com seus erros.
Pratique as partes mais difíceis por mais tempo.
Estipule objetivos.
Concentre-se.
Tenha ideias próprias.
Não se exiba.
Seja otimista.
Procure conexões com outras coisas.
Tire o som da nota como se fosse caldo.

EM AÇÃO

Permita-se uma experiência que lhe pode ser muito útil: durante uma semana, adote o método de Wynton Marsalis para preparar suas aulas. Veja os resultados!

Não deixe de ler!

STONE, I. **A vida errante de Jack London**. Tradução de Genolino Amado e Geraldo Cavalcanti. 3. ed. Rio de Janeiro: José Olympio, 1952.

Esse livro trata da vida interessantíssima de um dos maiores gênios da literatura. Destacam-se valiosas dicas de como Jack London alcançou a glória de ser o escritor mais bem remunerado de seu tempo.

Vigésima terceira aula
A sala de aula é um espaço aberto

Abrindo a janela e a porta da sala de aula

O professor estava conseguindo fazer uma aula "megachata". Mas não tinha problema. Meu supersistema de autodefesa me protegia. Eu estava recordando uma partida de xadrez. Algumas vezes fazia isso para me salvar de ter de ouvir uma aula desagradável. Normalmente o que me aborrecia na aula era pensar que o professor estava somente repetindo conceitos de um manual por si só já bastante limitado. Quer dizer, se eu lesse aquele manual já saberia o que o professor falaria em sala. Então, para que termos a aula, se o professor não faz a exposição ter personalidade e tornar-se explicativa? Outras vezes o problema era que o professor ficava divagando em abstrações que pouco nos faziam lembrar a nossa condição de seres reais.

Estava tentando resolver um problema de xadrez e ficava espantado como durante uma aula de Direito eu me lembrava da posição da partida que eu havia visto no livro e depois de um certo tempo o problema estava resolvido: xeque-mate em três. Chegava em casa e conferia: a solução estava certa. Einstein estava certo: o subconsciente trabalha sozinho e nos traz a resposta.

Sim, eu voava muito em aulas sem graça. Aulas que não me atraíam a atenção. Mas isso é mais comum do que se pode imaginar, pois milhões de estudantes em todo o planeta ficam entediados com aulas "sem sal". Então, em um dos meus voos de inconformismo, comecei a acreditar que eu não precisava de aulas chatas para aprender coisas interessantes. Os meus voos de divagação estavam me levando a conclusões inusitadas.

O aprendizado é muito mais do que assistir a aulas. As aulas de Sócrates eram feitas ao ar livre, nas ruas ou no mercado de Atenas, aonde fosse preciso ir para poder transmitir o conhecimento. Conta-se que um jovem o procurou para saber o que era preciso para adquirir conhecimento e Sócrates segurou a cabeça do homem dentro da água até que ele quase se afogasse. Quando o jovem perguntou por que ele estava fazendo aquilo, Sócrates perguntou o que ele mais queria quando estava se afogando. O rapaz lhe respondeu que queria respirar. Então, Sócrates disse que, se ele quisesse tanto o conhecimento quanto tinha vontade de respirar, conseguiria alcançar o seu objetivo[1].

O conhecimento não é propriedade particular de ninguém ou de nenhuma instituição. Aprendi lições de filosofia em templos budistas. Assisti a sermões em igrejas protestantes, metodistas e católicas realmente muito profundos. Tomei conhecimento de temas a respeito de Freud e Goethe em palestra espírita de Divaldo Pereira Franco. Vi o rabino Soebel ensinar a tolerância para todas as pessoas. Ouvi pessoas adeptas do islamismo com muita inteligência, altruísmo e bondade. Fui a missas gospel no Harlem que me comoveram. E assisti a aulas brilhantes de história dadas por pessoas agnósticas.

A sabedoria está em todo lugar. Árabes e judeus, negros e brancos, todas as pessoas podem ter sabedoria e conhecimento. A ignorância começa quando se pensa que a verdade é posse de alguém ou de alguma instituição e que quem não se propõe a segui-los não pode ter acesso ao conhecimento. Volto a me lembrar de Einstein quando

---

1 A respeito desse tema, ver Martins (2012).

foi questionado se pertencia a alguma religião e ele disse que preferia acreditar que levava uma vida religiosa.

Depois da aula, fui assistir a um filme (*O Selvagem da Motocicleta*) no cinema, na companhia de minha amiga Cecília e um caleidoscópio de interpretações passava pela minha mente. Quando o filme, interpretado por Mickey Rourke, terminou e estávamos saindo, ela me disse que havia se decepcionado.

— Achei o filme um porre! O cara era um rebelde, e daí? — disse Cecília.

— Você notou que muitos admiravam o Selvagem da Motocicleta? — perguntei.

— Mas admiravam por quê?

— Porque ele não se submetia a um roteiro social de massa. Ele simplesmente não queria seguir um papel que lhe fosse imposto ou predeterminado. Ele era diferente — expliquei.

— E o que ele tinha de diferente?

— Ele era um idealista.

— Ter ideais é algo nobre. Mas o que tem que ver ele quebrar a loja e apanhar o aquário com o peixe?

— Pode ser que simbolize "quebrar as estruturas" — argumentei.

— E por que o policial o persegue tanto?

— O policial o persegue com ódio porque ele fica perplexo com a ousadia do Selvagem em não ser convencional. Parece que o policial, que representa as convenções e a lei, não aceita o Selvagem, irracionalmente. Talvez, no fundo, toda a perseguição seja por inveja, porque aquele que agride injustamente os outros é incapaz de ter sua própria história. Ao menos é infeliz ao não ter coragem de tentar.

— E por que o Selvagem queria soltar o peixe colorido no rio?

— Por que o peixe representa o ideal. Se o peixe entrar no rio, o ideal foi realizado.

— Mas por que o peixe não consegue ir para o rio?

— É a luta pelo ideal. Algumas correntes filosóficas defendem que o ideal é irrealizável, mas não acredito nisso.

—Acho que estou começando a gostar do filme — ponderou Cecília.

Todas as formas de arte podem expressar cultura e conhecimento. A cultura é tudo o que faz parte do engenho humano. Certamente não estamos atrás de qualquer cultura, mas daquela que nos agrada e nos educa, ou simplesmente mexe com o nosso ser pelas emoções. A Pietà, de Michelangelo, ou a música *"On the Sunny Side of the Street"*, por exemplo, são fontes de emoção e conhecimento.

Michelangelo estudou anatomia e esculpiu em mármore a cena de Jesus morto nos braços de Maria. Localizada na Basílica de São Pedro, no Vaticano, uma abertura situada logo acima da escultura possibilita que a luz natural se projete sobre o peito de Cristo, destacando a impressão de que ele não está desmaiado ou dormindo, mas morto.

Na música *"On The Sunny Side of the Street"*, interpretada por Louis Armstrong (Teachout, 2010, p. 191), a letra diz para você pegar o chapéu e o casaco e andar do lado da rua em que o sol está. É um convite para a mudança de atitude, para ver as coisas de maneira diferente e com mais entusiasmo. Esta mudança de atitude é tudo para quem estuda. O professor deve ser um motivador de seus alunos. A mudança de atitude em si é, em última instância, o fator decisivo para a mudança de vida ou até de uma revolução.

A interpretação de Al Pacino em *O advogado do diabo* ensina. Como se pode interpretar se não se tem conhecimento histórico ou de criação? Caminhar pela natureza e observar o comportamento dos animais ensina. Olhar as plantas e as pedras ensina. Olhar a ignorância humana ensina, mas é preferível ver as virtudes e as boas ações, pois estas ensinam muito mais. Ouvir um velho experiente ensina muito, mas poucos têm a sabedoria de ouvir os sábios conselhos de quem viveu, por exemplo, duas guerras mundiais.

Quando não se consegue observar numa apresentação de arte marcial ou de balé todas as mensagens que podem ser vistas ou quando uma palestra não firma tão edificantes conceitos, pode-se apanhar um livro e ler, evoluir a cada parágrafo, flutuar na imaginação sem ficar refém de uma aula desanimada.

Isso me reanimou, fez-me acordar para o universo e não esperar tudo de uma única sala. É claro que consegui ver o universo dentro da sala muitas vezes, mas é bom ter liberdade para ver o mundo todo lá fora também e ver a natureza fluir na mente. Não ter medo da infinitude é um bom sinal de liberdade.

Caso contrário, se fosse um seguidor cego do quadrado da aula, seria como que um escravo conformado. A água e a fogueira acabam se combinando. No fundo, eu estava vivendo um dilema que não sei se poderia ou se queria que terminasse. A vida estava sendo um intervalo entre uma aula e outra.

O voo estava funcionando a meu favor. Raul Seixas cantava que havia perdido o medo da chuva. Eu não era mais prisioneiro da sala de aula. Ninguém deve sê-lo. Quando percebi tudo isso, a sala de aula deixou de ser uma prisão e passou a ser minha aliada – um local verdadeiramente sagrado que, em vez de perturbar-me a paz, trazia-me as provocações que eu necessitava para meu progresso acadêmico e espiritual.

A sala de aula é um lugar sagrado que, quando é profanado por preleções abomináveis ou incolores, encontra na reflexão e na autocrítica do participante o contraponto que possibilita o crescimento. Aí está a demonstração de que a aula não é realização exclusiva do professor, mas obra conjunta de todos os seus integrantes.

O estudante não deve conformar-se com o exclusivo conteúdo dado em sala de aula. Ao contrário, independentemente de quem quer que seja o mestre, o aluno pode procurar em todos os lugares do universo as informações complementares ou que expressem outras verdades.

Quando o professor percebe que não precisa e não pode dizer todas as verdades do mundo, também se liberta das amarras, transforma a sala de aula em um refúgio sagrado do aprendizado e assume seu lugar maior como um grande provocador de reflexão. A excelência do magistério é permeável a imponderabilidades flutuantes.

SINTETIZANDO

Para uma aula rica e atraente, traga o mundo para dentro da sala e leve a sala para dentro do mundo.

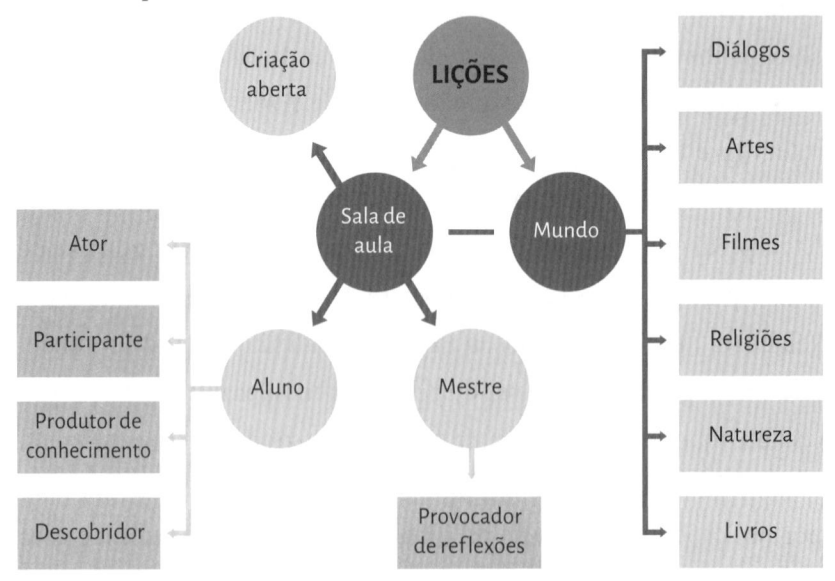

EM AÇÃO

Para sua próxima aula, pense em algo para fugir da rotina e mostrar aos alunos que somos seres humanos. Por exemplo, no dia 12 de junho de 2013 (Dia dos Namorados), havia uma campanha na Praça Santos Andrade, onde se situa a Universidade Federal do Paraná (UFPR). A praça foi lotada de balões em forma de coração. Olhei pela janela e falei para a turma em tom sério: "Quero dizer que vocês me surpreendem todos os momentos (alunos assustados) com essas homenagens, fazendo a praça ficar repleta de balões. Muito obrigado!". Entre risos, esse início fez com que todos se concentrassem no começo da aula, relaxassem, ficassem à vontade e se imaginassem fora da sala, como um espaço possível.

Comece com coisas simples como esta e você chegará aos céus, ampliando o universo da sala.

NÃO DEIXE DE LER!

GAARDER, J. **O MUNDO DE SOFIA**: romance da história da filosofia. Tradução de Leonardo Pinto Silva. São Paulo: Companhia das Letras, 2012.
Esse livro é uma bela demonstração de que a filosofia é interessante, acessível e presente em todos os momentos em nossa vida.

PROFESSOR

Vigésima quarta aula
Estimulando os cinco sentidos

O estudo com olfato, paladar, audição, visão e tato

Goiânia é uma cidade simplesmente maravilhosa. Tem cheiro de campo e de mato. Tem um palmito amargo cuja sopa é irresistível e tem pequi, uma fruta com sabor forte e com espinhos perigosos. Mas o que encanta naquela cidade é a beleza do seu povo, a simpatia e a aceitação do novo. Sinto-me feliz sempre que piso em solo goiano. Acredito que isso acabou me trazendo ótimos ares e acontecimentos.

Eu havia sido incumbido de lecionar sobre inquérito policial e polícia científica. O curso seria concentrado em um final de semana, começando na sexta-feira à noite. Sabia que, para os cursandos, seria muito importante entender bem os temas que seriam ministrados, porque com isso poderiam defender seus clientes com mais propriedade ao analisar um laudo ou requerer uma prova, compreender melhor matérias exigidas em concursos ou simplesmente ter uma janela aberta para um conhecimento que é extremamente romântico e ao qual se tem acesso pelos filmes policiais e documentários, mas de que muitos estudantes de Direito ficam sempre em uma distância que não permite uma compreensão maior.

Reservei um *stand* de tiro e uma sala de aula. Na sala, falei sobre a origem da polícia científica, que, ao ser aplicada, substituiu a tortura como método de prova empregado com crueldade e perversão durante milhares de anos. Por intermédio da prova científica, a mentira das testemunhas passou a ser desmascarada e crimes que não tinham sido presenciados por pessoas puderam ser completamente explicados pela análise científica do local de crime. Por isso, os peritos costumam dizer que o local do crime "fala". Falei sobre quem eu acreditava ser o verdadeiro Sherlock Holmes, que teria inspirado Arthur Conan Doyle. Comentei rapidamente o caso de Jack, o Estripador.

Comecei o estudo sobre armas de fogo, cartuchos e ideias centrais sobre como funcionam os armamentos, o que se procura no local do crime e como é possível identificar autores de crimes com base em vestígios relacionados a armas de fogo.

A questão é que o material estava todo disponível na sala. Expliquei sobre regras de segurança, que são as primeiras a serem estudadas quando se lida com armas de fogo. Mostrei a diferença entre pistola, revólver, espingarda, fuzil e metralhadora. Apontei vestígios e provas que se procuram nos locais de crime e que levam à autoria do delito. Somente aquela demonstração já havia sido muitíssimo excitante para os participantes. Todos queriam ver de perto tudo. Mostrei uma algema de verdade e alguns fizeram a experiência nada agradável de utilizá-la. Algumas noções ficaram claras, até mesmo a consciência de que, para entender um pouco sobre armamentos, são necessárias muitas horas de aprendizado.

Terminada a exposição inicial, convidei os pós-graduandos para me acompanharem. Descemos umas escadas até chegarmos ao *stand* e então comecei a reproduzir cenas de filmes e casos famosos. Um deles foi a cena na escada da estação em *Os intocáveis*. Nesse filme, o criminoso toma um indivíduo como refém e o policial tem de dar um tiro certeiro. Montamos o cenário no *stand* e demonstrei que era possível fazer o disparo corretamente, lembrando a todos que em um ambiente real o nervosismo seria muito grande e as possibilidades de erro seriam maiores.

Outra cena criada, também com sequestrador e refém, foi demarcada a 30 metros do suposto policial. Apanhei uma carabina utilizada no século XIX e fiz um disparo certeiro. Antes disso, expliquei que as estratégias policiais sempre são no sentido de salvar todos os envolvidos, inclusive os criminosos. Somente se recorre à opção letal em último caso, para salvar os reféns ou os policiais.

Demonstrei a utilização de outras armas com tiros mais rápidos, como pistola e espingarda. Então, para surpresa geral, convidei alguns presentes que nunca haviam atirado com uma arma de fogo para fazer alguns disparos supervisionados por mim e outro profissional que me auxiliava a cuidar da segurança. A emoção de todos era incontida. Havia uma verdadeira vibração em uma aula estimulante para todos os sentidos. Enquanto pela visão se observavam os objetos, pelo tato se tocavam algemas, armas e cartuchos, pelo olfato se sentia o odor da fumaça, pela audição se ouviam os disparos e pelo paladar se percebia o gosto da pólvora disparada que se espalhava no ar. No final da noite, todos haviam saído da sala, mas continuavam na aula mentalmente. Mas nada seria comparado com o dia que estava por vir.

Na manhã seguinte, o improviso e a criação fizeram os participantes vibrarem ainda mais. Convidei novamente todos para me acompanharem. Saímos da sala e fomos para fora do prédio. Comecei afirmando que cada um deveria imaginar-se como se fosse um policial em uma investigação de um crime bárbaro. Estávamos procurando descobrir a identidade de um *serial killer*.

Disse-lhes que eram livres para procurar e identificar vestígios que poderiam auxiliar nas investigações. Comecei com um exemplo: havia uma marca de pneu no asfalto, próximo da calçada. Ponderei para os participantes que a marca do pneu era uma verdadeira impressão individual e única. Expliquei que marcas tais como as de mordidas, de pegadas de sapatos ou de pneus são equiparadas às impressões digitais, tendo em vista que o uso contínuo de dentes, calçados e pneus gera defeitos microscópicos que são únicos. Por isso é possível identificar com precisão de onde são provenientes os sinais fotografados ou obtidos por intermédio de moldes ou impressões.

Aproveitando um carro estacionado, apontei para os pneus que armazenavam, nos intervalos das ranhuras, quantidade de terra que poderia ser pesquisada por um botânico, por exemplo, para identificar por onde havia andado o carro do suspeito. Por meio de uma pesquisa como esta tinha sido localizado o pólen de uma planta em Londres, planta esta que era característica de um parque. Após a busca no local, a polícia localizou o corpo da vítima, o qual tinha vestígios que o ligavam ao autor suspeito.

Depois que falei sobre a investigação do parque, convidei-os para irmos ao Parque de Goiânia, que era visível de onde estávamos. Lá no parque, disse para os pós-graduandos que imaginassem que tínhamos descoberto um corpo na relva e que precisávamos procurar por pistas.

— Que pistas vocês procurariam e o que essas pistas podem revelar? — indaguei.

Para finalizar os estudos, sugeri um almoço coletivo em um restaurante próximo ao parque. Durante o almoço, comecei a ouvir relatos cuja intensidade nunca havia presenciado até então:

— Professor! Que coisa incrível! Nunca vi uma aula assim!

— Todas as aulas deveriam ser assim, sem a barreira da sala de aula!

— Tudo o que você falou está vivo na memória, não é preciso decorar nada!

— Por que as outras aulas não são assim também?!

— Nunca vi nada igual!

— De onde você veio?

Eu mesmo estava surpreso, feliz, realizado. As aulas podem ser diferentes e envolventes. Os alunos devem participar do desvendar do conhecimento com toda a entrega possível e ética. É uma questão de planejamento. Mas Goiânia reservava uma outra surpresa para mim.

Sintetizando

Para uma aula rica em conhecimento, utilize como ferramentas dos participantes os cinco sentidos: visão, olfato, tato, paladar e audição. Leve os alunos para atividades ao ar livre ou em ambientes diferentes. Possibilite que, após a aula, eles continuem sob os efeitos do que vivenciaram nessa experiência.

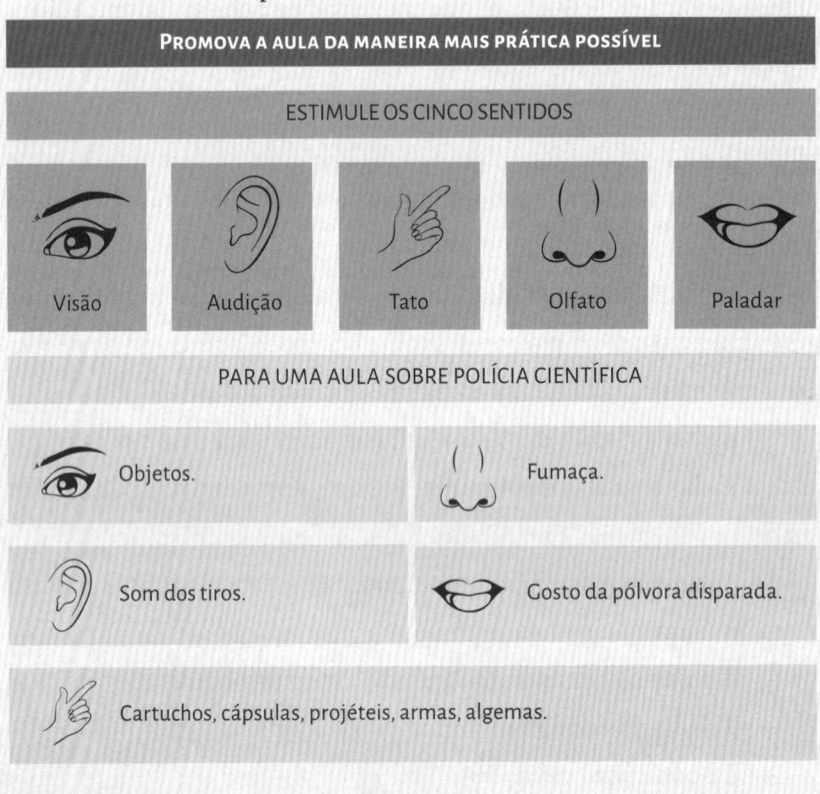

PROMOVA A AULA DA MANEIRA MAIS PRÁTICA POSSÍVEL					
ESTIMULE OS CINCO SENTIDOS					
Visão	Audição	Tato	Olfato	Paladar	
PARA UMA AULA SOBRE POLÍCIA CIENTÍFICA					
Objetos.		Fumaça.		
Som dos tiros.		Gosto da pólvora disparada.		
Cartuchos, cápsulas, projéteis, armas, algemas.				

Em ação

Para a próxima aula, escolha um sentido que você possa explorar em um tema a ser ministrado. Por exemplo, ao falar sobre a estrutura da folha, em uma aula sobre meio ambiente, peça que todos observem uma folha a ser entregue para o primeiro da fila e que será passada adiante. O exemplo é simples e pode ser adaptado para cada matéria. Experimente e verá os bons resultados!

Não deixe de ler!

MILLAN, C. **O encantador de cães**: compreenda o melhor amigo do homem. Tradução de Carolina Caíres Coelho. 20. ed. Campinas: Verus, 2006.

Nesse livro, o autor demonstra que tanto o cão quanto o ser humano podem aprender em harmonia com as energias e a natureza.

Vigésima quinta aula
Deixando fluir a intuição

A decisão sobre um projeto

Eu estava muito emocionado por tudo o que havia ocorrido no fim de semana. Então, quando cheguei às dependências do excelente Hotel Castro, em Goiânia, pedi o jantar, uma sopa à base de gariroba, especialidade local parecida com palmito, a minha preferida. As gentilezas eram imensas por parte do pessoal do hotel. De repente, percebi que estava recebendo um atendimento muito acima da média de qualquer outro lugar.

— Como vocês conseguem ser tão bons no que fazem? — perguntei a uma moça que trabalhava no restaurante.

— Nós fizemos o Curso Dale Carnegie.

— Ahh! Então está explicado. Mas mesmo assim recebam os meus parabéns pelo excelente atendimento ao cliente.

— Muito obrigado!

No caminho para apanhar o elevador pensei sobre o nome *Dale Carnegie*. Estaria ele vivo? Seria uma estrela excêntrica ou uma pessoa bem comportada? Não sei por que esse tipo de curiosidade começou a passar pela minha cabeça. Eu havia lido quatro livros de Carnegie, certamente os livros mais populares do autor. Por que essa curiosidade agora? Não parava de pensar no assunto. Pensei principalmente na gratidão que devia a Carnegie por ter aprendido tantas coisas importantes para a vida nos livros dele. A sua mensagem sempre é muito próxima do leitor e sem dúvida seus ensinamentos me foram muito valiosos. Surgiu-me de súbito uma ideia muito curiosa: a de que gostaria de poder agradecer por tudo o que havia recebido dos livros de Carnegie, simplesmente dizer o quanto as lições pragmáticas dele foram importantes para mim e que eu era grato por isso.

Entrei no quarto e fui direto para o banho. Quando saí do banheiro, liguei a televisão e estava passando um documentário, se me lembro bem, no canal History ou Biography. Fiquei intrigado porque falava justamente sobre Dale Carnegie. E o que se dizia sobre o autor me deixou fascinado, porque Carnegie era do jeito que ele pregava nos livros, nem mais, nem menos. Alguém simples e correto. Alguém transparente que valia a pena ser estudado.

Eu sempre havia escrito em função de uma certa obrigação profissional. Depois de duas invertidas no ensino fundamental e no ensino médio, com redações que surgiram de minha alma, mas foram, de certa forma, alvo de tentativa de serem "sujadas" com a crítica sem fundamento, eu somente escrevia quando realmente era necessário. A dissertação de mestrado, a tese de doutoramento e os livros didáticos eram parte de minha construção profissional como professor. Contudo, surgiu em mim uma vontade incontida de escrever algo que fosse realmente motivado por um sentimento acima de qualquer outro interesse comercial ou profissional. Então, fiquei ainda mais convicto da possibilidade de escrever uma biografia de alguém que contribuíra para a vida e o trabalho de milhões de pessoas durante várias gerações. Estava decidido. Naquele momento, no quarto do Hotel Castro, eu havia tomado uma das decisões mais importantes de minha vida.

O projeto novo de que eu precisava estava decidido. Agora, depois de feito o sopesamento dos prós e dos contras, eu não voltaria mais a pensar se faria ou não o livro. O próximo passo era, então, o planejamento. O que eu tinha de preparo para escrever o livro?

No aspecto pessoal, eu já havia publicado alguns livros na área do direito. A minha tese de doutoramento também havia sido transformada em um livro e versava sobre direito, história, filosofia e sociologia. O estudo acadêmico permitiu-me obter conhecimento e disciplina. Isso estava ajudando.

Provavelmente, outro fator igualmente importante tinha sido a leitura dos livros populares de Carnegie. Um deles, *Como evitar preocupações e começar a viver*, eu havia lido 12 vezes. Este é meu livro de cabeceira, porque, além de motivador, também é um organizador pessoal e profissional. Portanto, avaliei que eu conhecia o pensamento de Carnegie, isto é, qual era sua ideia sobre as coisas. Contudo, eu teria de fazer um estudo para avaliar se suas ideias eram apenas dicas isoladas ou se faziam parte de um sistema filosófico. Carnegie improvisava no que falava ou tinha base de pesquisa e leitura para dizer o que dizia? Além do mais, era necessário conhecer os seus escritos não tão conhecidos pelo grande público para depois investigar sobre sua vida pessoal.

Logo reconheci que, se eu tinha alguns aspectos favoráveis para desenvolver meu projeto, por outro lado, qual era minha experiência em escrever uma biografia? Como eu poderia levar a sério um trabalho desse tipo sem ter um conhecimento maior sobre escrever esse gênero? Era certo que eu havia lido uma centena de biografias e, por experiência, conhecia razoavelmente o roteiro. Somente sobre Buffalo Bill eu havia lido três livros. Lendo sobre ele, aprendi sobre as condições nas quais o oeste norte-americano foi colonizado, os variados habitantes da América, as planícies, a Guerra de Secessão, além de geografia e história. Quando li a história de Sammy Davis Jr., aprendi sobre a música da época, a interpretação, o racismo e tantas outras lições. Lendo Einstein, aprendi física e muito sobre espiritualismo. Adorava biografias. Percebia que elas ensinavam muito sobre a vida das pessoas, suas experiências, erros e acertos, seus métodos etc. Biografias são valiosíssimos meios de aprendizado, tanto para professores quanto para alunos. Definitivamente, a intensa leitura de biografias era uma vantagem que me deixava um pouco mais seguro para escrever.

Juntei as peças: 22 anos lendo os livros de Carnegie, mas eu sabia que isso não era o suficiente e que eu teria de suprir minhas lacunas por não ter feito um curso completo de História e não ser um biógrafo especializado. Mas o que foi decisivo para minha paz de espírito é que eu sabia de algo fundamental para o trabalho que eu pretendia realizar: determinação. Sim, eu tinha uma determinação inabalável, que pode ser traduzida também por outra palavra: persistência. **DETERMINAÇÃO** e **PERSISTÊNCIA** são coisas que não me faltam, então eu estava bem acompanhado. Conforme eu veria nos próximos oito anos de trabalho persistente, eu precisei muito dessas duas qualidades. Por isso, hoje sei que, se eu tivesse de optar entre meu currículo e as qualidades da persistência e da determinação, sem dúvida estas últimas me seriam indispensáveis. Eu posso fazer outro currículo, mas como posso encontrar tão importantes virtudes?

No meu plano simplificado, pensei em ler tudo o que eu pudesse de Carnegie antes de ir para os Estados Unidos. Isso prepararia minha viagem, porque eu saberia o que precisaria pesquisar quando chegasse à terra onde Carnegie viveu. Então, procurei o primeiro livro não tão popular de Carnegie: *Lincoln: esse desconhecido* (1966). Consegui encontrá-lo apenas na Biblioteca Pública do Paraná, pois estava esgotado há anos. Quando comecei a lê-lo, tive uma agradável surpresa: Carnegie explicava que, quando decidiu escrever sobre a vida do mais importante presidente dos Estados Unidos, Abraham Lincoln, levou dois anos pesquisando e escrevendo para depois jogar tudo fora e utilizar um método que ele reputava o mais acertado para escrever-se uma biografia. E ainda relatou o método que utilizara para escrever! Não saberia Carnegie que décadas depois alguém escreveria a biografia dele utilizando o método que ele achava ser o mais apropriado.

No fundo, o método de Carnegie sugere o envolvimento profundo com o tema e o mergulho completo em coisas que vão desde a literatura até os lugares e os objetos pessoais do biografado. Agora, sim, eu me sentia mais preparado para escrever. Bastava seguir o roteiro baseado no processo de erros e acertos que levaram Carnegie a escrever a magnífica biografia de Lincoln.

A questão é que, quando se analisa o método de Carnegie para escrever sobre o ex-presidente dos Estados Unidos, observa-se que não se trata somente de um método para fazer uma biografia, mas de um método de trabalho e vida. Intensidade! É disso que precisamos para viver e trabalhar. Professores podem adotar tal método para melhorar a qualidade de suas aulas. Estudantes podem verificar o quão profundo pode ser um estudo que realmente facilita a compreensão da essência da matéria pesquisada.

Para tentar explicar ao leitor, em poucas palavras, em que consiste tal método, digo que Carnegie pesquisava em textos e livros, mas somente encontrou respostas quando visitou os lugares mais expressivos para Lincoln e conheceu a história pessoal e as razões pessoais que o fizeram agir da maneira que agiu. Assim, quando Carnegie visitava o túmulo da amada de Lincoln, permitia a ele mesmo refletir melhor sobre os acontecimentos, algo que não se percebe quando se lê simplesmente uma notícia ou informação. Isso significa arregaçar as mangas e ir a campo, conversar com especialistas, entrevistar parentes, amigos, envolvidos nos acontecimentos ou que tenham alguma informação de família. Observar fotografias, cartas e outros objetos pessoais também é importante. Esse é o mergulho real no tema.

Portanto, depois de colher o máximo de dados que consegui, comprar pela internet livros esgotados, estudar tais livros e fazer uma série de anotações, decidi matricular-me no Curso Dale Carnegie de 12 semanas. Posteriormente, atravessei o sul do país e realizei outro curso avançado no Instituto Dale Carnegie, dirigido por um dos mais importantes conhecedores do autor: Fernando Amarante. Aliás, entrevistei Fernando Amarante, um dos precursores do Curso Dale Carnegie. Li um livro publicado no ano de 1962, já esgotado, no qual William Longgood contava a história do curso. Visitei o curso de Nova Iorque, na Terceira Avenida, e conversei com os responsáveis. Apanhei um trem na Penn Station, fui até Hauppauge, próximo a Nova Iorque, e visitei a sede mundial do Curso Dale Carnegie. Tudo isso me habilitou a escrever um capítulo sobre o curso, o quarto capítulo da biografia, cujo título é "Um curso para uma pessoa de realização". Trago esse exemplo para que o leitor verifique como é importante o conhecimento mais aprofundado, personalizado e envolvente sobre o tema tratado. Esse modelo, inspirado em Dale Carnegie, pode ser adotado por um professor ou aluno ou qualquer trabalhador que pretenda progredir em determinado assunto.

Sentia-me como um aprendiz num projeto novo em que eu descobria passo a passo o que eu deveria fazer. Quando desembarquei no Aeroporto Presidente Kennedy, em Nova Iorque, eu estava realmente emocionado. Todas as lembranças de minha infância e adolescência brotavam naturalmente: os filmes de bangue-bangue e outros gêneros, as bandas de *rock* e *blues*, Elvis, Sammy Davis Jr., Frank Sinatra, a história de um país que teve de lutar muito para conseguir o seu espaço, enfim, eu estava lá. Havia tirado um mês de férias no meu serviço e era exatamente este o tempo que eu tinha para a etapa de campo de minhas pesquisas.

Professor e aluno misturam-se de maneira paradoxal e complementar. O aluno aprende, o professor ensina, mas o aluno, ao aprender, está ensinando coisas também e o professor, ao tentar ensinar, também está aprendendo sobre um mundo novo. Nesse momento, eu me sentia aluno novamente.

SINTETIZANDO

Para conseguir sucesso no magistério e na vida, estabeleça um projeto.

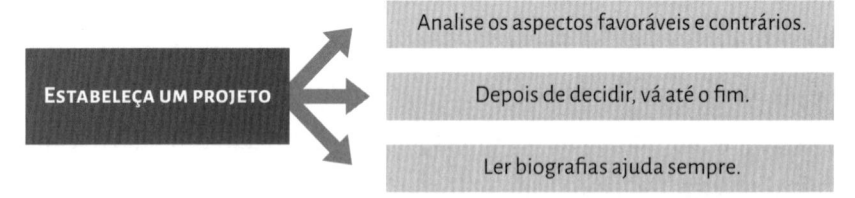

ESTABELEÇA UM PROJETO
- Analise os aspectos favoráveis e contrários.
- Depois de decidir, vá até o fim.
- Ler biografias ajuda sempre.

LEMBRE-SE UMA VEZ MAIS:

DETERMINAÇÃO e PERSISTÊNCIA constituem a chave para o sucesso.
MERGULHE NO TEMA!

EM AÇÃO

Estabeleça três projetos que empolgariam você quando fossem concluídos.

1. Projeto para a próxima aula. Por exemplo: fazer uma atividade diferente e estimulante em sala.

2. Projeto a médio prazo. Por exemplo: até o final do ano, iniciar um curso que deixaria você bem.
3. Projeto a longo prazo. Por exemplo: escrever um livro, adquirir um imóvel, fazer uma viagem cultural.

Não deixe de ler!

AURÉLIO, M. **Meditações**. Tradução de Alex Marins. São Paulo: M. Claret, 2001.

Nesse livro, o imperador romano Marco Aurélio expõe excelentes ideias baseadas na filosofia denominada *estoicismo*.

PROFESSOR

Vigésima sexta aula
A primeira universidade do Brasil

Um método de excelência

Em meados de junho de 2012, o professor Remo, coordenador da Faculdade de Direito, solicitou que eu fizesse uma explanação aos professores universitários sobre um projeto pedagógico que poderia ser útil aos estudantes, aos professores e às faculdades.

— A ideia, Bacila — explicou ele —, é ter uma linha pedagógica comum na universidade. Estava lendo o livro que você escreveu sobre a vida de Dale Carnegie e nele você menciona várias contribuições didáticas do autor. Os temas que você trata na biografia são fundamentais e podem ser adaptados para o ensino universitário. Além disso, em um trecho do livro, há uma passagem marcante que trata da lida que o pai tinha com relação ao seu filho, na qual ele faz uma reflexão e percebe que deveria valorizar muito mais a criança que dele dependia e vê-la com mais respeito. Carnegie mostra-se preocupado com a abordagem que nós devemos assumir na comunicação em geral, desde um pai em relação a seu filho até aquele que precisa falar para o grande público. Você poderia adaptar tais princípios e filosofia para a pedagogia.

Fiquei um tanto quanto perplexo, mas acabei aceitando a missão. Com toda a razão, professores são muito sensíveis a debates sobre didática ou projetos pedagógicos. E estão certos em ficarem atentos, porque eles sabem, melhor do que ninguém, os reflexos que as mudanças de método ou atitude podem trazer imediatamente para suas aulas. Mas não se deve nunca ter medo de aprender algo novo. A coragem para o novo significa que você está vivo.

Uma adaptação de método não é feita da noite para o dia e muito menos sozinho. Eu sabia que dependeria completamente da participação dos colegas e de ideias que eles trariam para a aplicação em sala de aula. Aliás, a participação faz parte do próprio sentido do magistério.

Chegado o dia, deixei claro que aquele encontro era somente o ponto de partida de vários outros que poderiam ocorrer. Também mencionei que, embora eu fosse desenvolver ideias pedagógicas precisamente fundamentadas em Carnegie, as reuniões que ocorreriam somente teriam sentido se tivessem a participação de todos os professores, que falariam sobre suas experiências pessoais, seus problemas, as soluções que propunham para questões comuns e o quanto acreditavam que tais inovações seriam benéficas a todos.

Em suma, mencionei que Carnegie fundou a ideia dos grupos de apoio e que as reuniões deveriam ter esse desenho. Com essa estrutura, ressaltei que os professores poderiam concordar que os problemas aparentemente gigantescos não são exclusivos de cada professor e que, ao contrário, são comuns a todos. Questões com alunos, empecilhos didáticos, dificuldades pessoais e tantos outros assuntos podem ser discutidos em um grupo maduro, um contribuindo com o outro, "apoiando-se" no sentido mais integral da expressão.

Por outro lado, desde o início, também reconheci, com toda a sinceridade, que todos os professores podem contribuir em projetos pedagógicos e que cada um tem conhecimentos didáticos específicos que superam qualquer especialista; portanto, honestamente, procuravam-se soluções participativas.

Esclarecidos esses pontos, fiz a introdução, reproduzida a seguir, que seria o início de um diálogo programado para alguns encontros. Na ocasião, fazia aniversário de um século a universidade mais antiga do Brasil.

> Caríssimos colegas professores!
>
> Em 1912, há um século, inaugurou-se a primeira universidade do Brasil, a Universidade Federal do Paraná. A construção do prédio e a instalação das faculdades que se unificavam têm um significado: não vivemos só de alimento e prazeres, precisamos de algo mais.
>
> O sentido da palavra liberdade não é apenas o da liberdade física, mas principalmente a liberdade de espírito, que somente pode ser conquistada com o conhecimento e a reflexão sobre as coisas e as pessoas. Ou então viveremos somente de arroz, feijão e palhaçadinhas que nos distraem.
>
> Se não temos ainda toda a história e a tradição de muitos países bem mais antigos, podemos nos orgulhar de um prédio ilustre situado na capital do Paraná. Orgulho-me de todos os fatos históricos do nosso país, bem como da brava colonização e construção do nosso povo, desde o Rio Grande do Sul até o Amazonas. Portanto, sinto-me à vontade para homenagear também este edifício a que me refiro.
>
> É que a universidade é uma grande conquista, para compensar um pouco as rotinas em que nos envolvemos todos os dias para viver. Não que a universidade seja o único local de produção de conhecimento. Não. Jack London e Dale Carnegie não concluíram os estudos universitários, mas eles a saudaram cursando alguns anos de estudo e ministrando inúmeras palestras nos salões nobres da academia. Também não quer dizer que aquele que conclui o estudo

universitário esteja bem preparado para exercer até mesmo as atividades profissionais e científicas mais conhecidas. Mas é uma instituição que se difere da mesmice, proporciona um bom começo, um bom ponto de encontro para pensar, refletir, escrever e produzir.

Às vezes, a universidade não está pronta para receber alguns dos seus estimados. Sabe-se da dificuldade de Newton e Einstein para lidar com ela. Mas isso é por um tempo apenas, um breve equívoco, para que eles sejam nelas estudados por horas sem fim no futuro.

Foi assim que ocorreu com Dale Carnegie, quando foi recusado como professor de oratória nas Universidades de Columbia e Nova Iorque. Contudo, na mesma data em que se fundou nossa primeira universidade, a Universidade Federal do Paraná, no ano de 1912, do outro lado do continente americano, Carnegie ministrava sua primeira aula do Curso de Oratória e Organização Profissional e Pessoal, na Rua 125, no Harlem, em Nova Iorque. Era um curso, até então, sem o aval universitário.

Depois da aula teórica, uma novidade pedagógica: o Professor Carnegie solicitou que os alunos falassem sobre suas próprias experiências e dificuldades para apresentar-se em público, seus temores quando faziam entrevistas de emprego, os fracassos que tinham quando tentavam efetuar vendas e os obstáculos para comunicar-se com a família ou com a pessoa amada.

Como era possível superar um trauma bloqueador, enfim, vencer os medos e os fantasmas e expandir-se pessoalmente? A inovação estava em colocar o aprendiz em um papel principal. Até então, o aprendiz era um microdestinatário de vigilância, disciplina e punição. Ouvir as preocupações dos alunos de maneira sistemática era inusitado em um ensino até então industrial e robotizado.

Depois que os esforçados alunos manifestaram-se, Dale Carnegie trouxe uma nova colaboração para o ensino mundial: em vez de corrigi-los, marcar seus erros, censurá-los pelos deslizes, abominar suas faltas, esbofetear suas imperfeições ou até, quiçá, utilizar a tão famosa palmatória, agredindo-lhes a palma da mão, não, Carnegie mostra a cada um dos seus alunos suas qualidades e virtudes, encontrando em seus pequenos progressos a alavanca que permite o acesso à emancipação da alma do saber. Carnegie mostrou que, por intermédio do estudo e do esforço pessoal, cada um poderia alcançar seus sonhos e construir sua própria história. Com isso, ele democratizou o sucesso.

"Democratizar o sucesso" é uma expressão que utilizo para demonstrar a criação de Carnegie no que se refere ao fato de que, até a época em que começou a lecionar, havia um conceito generalizado de que somente alguns poucos eram brindados com a graça do saber e da realização de grandes façanhas, em especial aqueles que eram filhos de ricos e frequentadores das melhores universidades.

Carnegie demonstra que absolutamente todas as pessoas podem ser bem-sucedidas, desde que sejam determinadas e utilizem os métodos adequados. Um dos mecanismos que Carnegie desenvolveu foi uma técnica de falar em público acessível, dinâmica e prática que se configura como um fator para o estabelecimento de autoconfiança e de geração de resultados pessoais e profissionais verdadeiramente milagrosos para pessoas que, até então, tremiam ou desmaiavam só de pensar em pronunciar palavras para mais de uma pessoa ou fazer uma entrevista de emprego.

A questão é que Carnegie muda a oratória mundial e desenvolve regras de comunicação com base no pragmatismo que revolucionam as relações humanas. A influência de Carnegie é tão impressionante que ele pode ser comparado nas áreas humanas a gênios como Einstein foi na física.

Além disso, Carnegie elaborou um livro sobre controle de preocupações denominado *Como evitar preocupações e começar a viver*, que é um verdadeiro manual original de organização pessoal e profissional.

Essas novidades nas áreas humanas foram incorporadas em algumas cadeiras universitárias, como é o caso da oratória, muitas vezes sem ser dado o devido crédito ao seu mentor.

Os escritos de Carnegie já foram lidos por mais de 200 milhões de pessoas e devem ter influenciado mais de 1 bilhão se pensarmos que seu curso já completou 100 anos. Tais ideias constituem verdadeiro sistema de ciência e filosofia das relações humanas. Um sistema genuíno, singelo e, ao mesmo tempo, poderoso para elevar a condição de conhecimento, cultura e respeito ao outro.

Então, pergunto, por que não adotarmos sistematicamente as ideias de Carnegie na educação? Acredito que poderemos responder positivamente essa indagação, quando adotarmos as regras carnegianas e começarmos a ter mais acesso aos estudantes, facilitando-lhes grandemente o progresso e permitindo que a autoestima confira a verdadeira liberdade aos aprendizes.

Este é apenas um primeiro encontro, de muitos que poderão vir, mostrando que, se às vezes a universidade comete seus deslizes, empregando métodos pedagógicos complexos e inacessíveis, muitas outras, a própria universidade pode reconhecer e trazer magnífica contribuição social.

Cessem um pouco as batutas do profano, porque navegar realmente é preciso... e não precisamos ter medo ou preconceitos quanto às novidades na educação!

A palavra é sua agora!

Após a exposição, a professora Cecília, reflexiva, perguntou-me:

— Bacila, você está falando sobre professores bem preparados. Mas e quanto aos alunos? Você não acha que eles também têm suas obrigações? Vejo alunos completamente desinteressados, somente cursando a faculdade por cursar. Alguns não lerão um único livro durante todo o período em que estiverem aqui. Mal sabem escrever uma frase corretamente. Isso sem falar naqueles completamente grosseiros que não têm um pingo de educação. Imagine como devem se comportar em casa. Alguns são tão mimados que desconhecem as palavras *por favor, obrigado, com licença, bom-dia* etc.

Eufórica, Cecília esperava uma resposta que ela mesma aos poucos estava encontrando.

— Querida professora, o processo de aprendizado é relacional, isto é, depende da interação com os estudantes. De nada adianta professores muito bem preparados e estudantes que se recusam a estudar e a interagir. Mas a questão é que, até que a responsabilidade seja exclusivamente do estudante, a distância é muito grande. Fazer nossa parte na condição de professores não é simplesmente vomitar o conteúdo e irmos embora. Isso não é aula, é recitação de poesia ou abobrinha. A questão então é que, até o mestre atingir a excelência, ele deve percorrer um longo caminho. O método que acabei de expor, baseado no sistema desenvolvido por Carnegie, vê alunos e professores justamente como um grupo. Esse sistema é uma verdadeira catarse que permite o aprendizado em conjunto, sem a distância que tradicionalmente se impunha nas aulas nas quais os professores se situavam num pedestal.

— E quanto a problemas diários que enfrentamos nas salas de aula? — questionou Cecília.

— Quando os professores se reunirem em grupos para exporem e discutirem em conjunto seus problemas, verão que as questões que mais os afligem são comuns. Isso por si só já traz uma sensação de paz aos mestres, fazendo das soluções em grupo o melhor caminho para todos.

Sintetizando

Para melhorar a qualidade de suas aulas, adote o método de Dale Carnegie.

- Ensino por intermédio da valorização dos progressos (ainda que iniciais) do estudante.
- Não criticar!
- Alunos(as) expõem suas dificuldades verificando que suas dúvidas são comuns.

Método de Carnegie adaptado para o magistério

- Alunos e professores comunicam-se em forma de grupo.
- Falar em público melhora a autoestima.

- Professor(a) e alunos dialogam em harmonia e respeito mútuo.
- Grupos de professores para as propostas didáticas.
- Autoestima: sucesso pessoal.

Em ação

Para sua próxima aula, adote uma das técnicas de Carnegie resumidas anteriormente e compare os resultados!

Sugestões para leitura

LONDON, J. **De vagões e vagabundos**: memórias do submundo. Tradução de Alberto Alexandre Martins. Porto Alegre: L&PM, 2005.

Nesse livro, London demonstra o seu aprendizado prático nas ruas como indigente durante dois anos. É um clássico sobre a pesquisa de campo e o contato com a realidade.

Vigésima sétima aula
Como se faz uma tese?

Roteiro prático para a produção de um trabalho escrito

Depois da palestra, a Professora Cecília me procurou.

— Você me fez ter vontade de estudar mais. Estou pensando em fazer doutorado. O que você recomenda para eu escolher como tema e como acha que deve ser o projeto?

— Bem, minha caríssima Cecília, posso falar de minha experiência na pós-graduação e talvez ela possa ser útil para você em alguns aspectos.

— Tenho um tema muito especial e que adoro, mas não encontro uma instituição de ensino que o assimile como linha de pesquisa. O que faço? Como escolher o tema?

— A primeira coisa que aprendi sobre escolha do tema é que você deve escolher um conteúdo em que já tenha bastante prática e, se possível, um bom conhecimento teórico também. Trate de um tema com que tenha tanta intimidade que poderia discorrer dias sobre o assunto. No meu caso, o meu orientador, uma pessoa muito especial e um profundo conhecedor do assunto, o Professor Dr. Jacinto Nelson de Miranda Coutinho, sabendo que eu era professor de Direito Penal e Criminologia e também delegado de polícia, estabeleceu um vínculo com o tema: falei sobre os estigmas como influenciadores da polícia no sistema penal. Posteriormente, depois de muita pesquisa, transformei esse tema em uma teoria geral dos estigmas. Note que o fato de ser policial já me conferia a possibilidade de produzir uma pesquisa de campo para o estudo teórico que eu faria. Isso é uma enorme vantagem, porque se caminha de maneira segura com o tema, o que não pode jamais dar a ideia de que quem é policial sabe tudo sobre polícia ou que tem conhecimento teórico. Ao contrário, para se ter um razoável conhecimento ou escrever uma tese, é necessário muito estudo.

— Então, o tema ideal é aquele que eu conheço bastante — conclui Cecília.

— O tema ideal é aquele que você conhece, em que tem atuação prática e que é um assunto sobre o qual tem muita paixão ao falar. É algo por que você realmente se entusiasma para pesquisar e trabalhar.

— Mas e se eu não encontrar uma instituição que tenha o tema como linha de pesquisa?

— Então, bem-vinda à grande maioria dos casos, isto é, daqueles que têm que fazer uma dissertação de mestrado ou uma tese de doutorado sobre assuntos que não seriam do seu interesse natural.

— Mas e nesse caso, deixo de fazer o doutorado?

— De maneira alguma. Você pode dedicar-se à pesquisa dos seus sonhos quando terminar o mestrado e o doutorado. Contudo, deve aceitar as opções que são ofertadas para a pós-graduação e, nesse caso, supondo que você não gosta ou não tem conhecimento sobre o tema, adotar duas atitudes.

— E quais são elas?

— Primeira: passar a gostar do tema. Segunda: pesquisar tanto sobre o tema que passará a ser autoridade sobre o assunto.

— E como eu faço isso?

– Para interessar-se pelo tema, você precisará arrumar motivos para isso. É o que eu chamo de *jogos mentais*. Por exemplo: se você não gosta de trabalhar numa indústria fabricando parafusos, enquanto tem que fazer tal atividade, crie uma competição consigo mesma para superar a quantidade de parafusos bem-feitos. Isso pode salvar a sua sanidade e trazer-lhe reconhecimento profissional. É claro que é apenas um exemplo, pois as possibilidades de desenvolvimento dos jogos mentais são infinitas.

— E como eu posso ser uma autoridade no assunto?

— Você gosta de futebol?

— Não.

— Mas e se sua tese tivesse que ser sobre futebol, o que você faria?

— Teria que ler sobre o assunto, assistir uns jogos pela TV...

— Acredito que você teria que fazer bem mais do que isso.

— Mas não seria suficiente estudar a vasta bibliografia sobre futebol?

— Cecília, falar com autoridade sobre um assunto requer muito mais dedicação. Mostre um pouco mais do que você poderia fazer para ser uma autoridade no futebol.

— Entrevistar os especialistas?

— Quem são os especialistas?

— Os comentaristas?

— Certo, quem mais?

— Os técnicos?

— Sim. Mas lembre-se que também temos outros especialistas no futebol: os jogadores da atualidade e do passado, os árbitros, os diretores de clubes, os narradores e até mesmo os fãs que pesquisam sobre o assunto. Tenho um amigo, Reginaldo Aracheski, que fundou um museu do futebol na Lapa, no Paraná. Ele viajou pelo mundo para entrevistar as maiores lendas do futebol. É uma verdadeira enciclopédia do futebol. Uma entrevista com ele seria inestimável.

— Isso tudo seria suficiente?

— Não. Na verdade você teria que aprender a jogar futebol.

— Estudando as regras?

— Isso você já fez quando entrevistou o árbitro, estudou os regulamentos e conversou com outros especialistas. O que quero dizer é que você precisaria jogar futebol nas ruas, na areia, nas quadras de salão, nas quadras de *society* e no campo.

— Mas eu poderia me machucar.

— E isso seria ótimo para você ter as impressões que o jogador tem, saber das dificuldades que ele sofre no jogo e também quando um jogador não treina o suficiente e não merece estar no time.

— É só?

— Não. Tem mais. Você teria de assistir os jogos nos estádios, em vários lugares e países. Visitar museus do futebol. Falar com familiares de jogadores. Fazer uma pesquisa sobre os aspectos nutricionais, psicológicos, sociais, históricos...

Cecília interrompeu-me:

— Eu já entendi bem o que você quer dizer. Se eu me transformar em uma autoridade sobre o assunto, também tenho a tendência a aprender a gostar do que estou fazendo.

— Isso mesmo. Veja, por exemplo, uma passagem em que Jack London percebeu o quanto algumas pessoas que vivem mendigando nas ruas foram vítimas de fatalidades e de desamparo social, narrada por influência de suas próprias andanças nas ruas. Note que ele fala com tanta propriedade sobre o assunto, com base em observações pessoais tão vivas, que não se pode deixar de reconhecer a profundidade do que London diz. Abri a mala e apanhei o livro *De vagões e vagabundos*, que eu havia acabado de ler. Como eu tenho o hábito de sublinhar bastante o livro, foi fácil achar o trecho que pretendia mostrar para Cecília:

> Lá me deparei com todas as espécies de homens, muitos dos quais já haviam sido, uma vez, tão aptos, ousados e aventureiros quanto eu; homens do mar, homens das armas, trabalhadores, todos exaustos, comidos e desfigurados pelos esforços, asperezas e acidentes imprevistos, agora deixados de lado por seus senhores como velhos cavalos. Eu me arrastei pelas ruas e mendiguei nas portas dos fundos das casas junto com eles, sentindo os mesmos calafrios em vagões e parques da cidade, ouvindo aqui e ali histórias de vidas que tinham começado tão auspiciosas quanto a minha, com estômagos e corpos tão bons ou talvez até mais fortes que os meus e que findavam ali, ante os meus olhos, na destruição do Abismo Social. (London, 2006, p. 112)

Por fim, acrescentei:

— Portanto, Cecília, se você quer falar sobre pessoas que vivem desamparadas nas ruas, vá viver com elas, conhecer suas histórias e sentimentos, correr os mesmos riscos que elas correm e compartilhar as mesmas alegrias e solidariedade. Depois, leia o que Jack London diz sobre essas pessoas, a experiência que ele viveu nas ruas, as leituras que fez e as conclusões a que chegou. Leia essas influências nos contos de London. Então, leia o que os estudiosos falam sobre as mais variadas perspectivas (sociais, econômicas, políticas, filosóficas). Finalmente, tente exprimir o que o seu coração diz. Você verá que seu texto ficará muito bom.

— Bem, suponhamos que isso esteja resolvido. Então, **COMO SE COMEÇA UM PROJETO?**

— Com a delimitação ou o recorte do tema — disse, dando início a minha explicação. — Quando se pesquisa sobre um assunto, deve-se reduzir sua amplitude. Um tema de uma tese nunca pode ser, por exemplo, "O futebol". Isso é amplo demais e deixaria o trabalho com muitas lacunas. Um tema verdadeiramente delimitado contribui em muito para que o trabalho seja bem-sucedido.

— Então, como seria um trabalho acadêmico sobre futebol?

— "A análise da imprensa carioca na véspera da decisão da Copa do Mundo de 1950 e a contradição com o jogo final: um caso de passionalismo no futebol?" — eu respondo, dando um exemplo.

— Entendo, eu domino o assunto de uma maneira geral, mas escrevo sobre algo específico que passarei a entender com autoridade especial, dada a pesquisa específica.

— Isso mesmo!

— E qual o próximo passo?

— Escrever um resumo de uma página sobre o tema.

— Mas como posso resumir algo que ainda não concluí?

— Porque o resumo é do trabalho que você desenvolverá, quais os temas abordados e o que você pretende com a pesquisa. Esse resumo é fundamental, não se pode começar um trabalho sem ele, porque o resumo é o verdadeiro plano do escritor ou da escritora. Significa que a pessoa sabe o que está fazendo. Também deve restringir-se a uma página, pois obriga quem escreve a ser preciso na pesquisa que fará e que caminhos transcorrerá.

— E a introdução e a conclusão?

— A última peça que faço do trabalho é a introdução, pois nela explicarei todo o meu percurso. Então, fica muito melhor fazer a introdução quando se tem amplo conhecimento de todo o texto. A conclusão deve ser objetiva, sem citações ou novas ideias para debate, somente explicando os resultados do trabalho.

— E se no curso do trabalho eu decidir mudar a ordem dos capítulos, incluir uma abordagem não prevista ou até mesmo mudar o posicionamento que eu tinha antes da pesquisa?

— Esta é a parte flexível do trabalho e que você pode ajustar na medida em que o texto se desenvolve. Mudar o pensamento sobre um assunto é o progresso e a nobreza da verdadeira pesquisa.

— Como você se preparou para a defesa da sua tese de doutoramento? Quais sugestões você teria para aqueles que pretendem escrever bons trabalhos e defender teses?

Então eu lhe dei uma explicação detalhada:

— 1) Assista a bancas de mestrado e doutorado e veja as principais críticas que os professores da banca fazem ao candidato. Por exemplo, quando me preparei para a defesa de tese, assisti a muitas bancas e fiz anotações das principais críticas. Uma delas era a falta de qualidade de revisão do texto. Então, contratei uma professora de gramática para revisar meu texto. Outra crítica comum era que o candidato não compreendia todo o texto que havia citado. Então, quando eu procurava um tema em um livro, lia-o integralmente, adquirindo assim mais conhecimento sobre o assunto. Isso me deu muita segurança. 2) Sempre que puder, consulte o original e não citações secundárias. Isso trará mais qualidade e segurança ao seu trabalho. 3) Nunca utilize uma ideia de alguém sem indicar a fonte. 4) Leia tudo o que seu orientador escreveu. Já participei de bancas em que o candidato foi criticado por uma fraqueza em seu trabalho que poderia ter sido suprida com a leitura das obras do orientador! 5) Desde que sejam orientações para melhorar a obra, faça todas as pesquisas sugeridas em correções pelo orientador. Não tenha preguiça. Se você não fizer isso, leia "Mensagem a Garcia".

Por isso, você precisa ter informações sobre a idoneidade do orientador antes de fazer o contato. 6) Leia todos os livros dos pesquisadores que estudam o seu tema ou que podem vir a integrar a banca. Se for pertinente, cite os livros no trabalho. Isso demonstra que você realmente tem respeito por todos os doutos no assunto e fez ampla pesquisa, além de ser agradável para os participantes da banca. 7) Quando souber quem realmente irá integrar a banca, estude seus escritos e ideias. Ou você faz isso, ou somente saberá das ideias dessas pessoas durante sua apresentação do trabalho, o que pode ser bastante desagradável. 8) Durante a apresentação do trabalho, tenha flexibilidade para: a) falar estritamente durante o tempo permitido; b) não interromper as pessoas que estiverem falando; c) reconhecer erros que não comprometam o seu trabalho, tais como não ter utilizado um determinado livro na pesquisa ou ser necessário corrigir erros de gramática. São conselhos úteis e que podem ser aceitos em uma revisão do trabalho. Entretanto, se a crítica atingir mortalmente o seu trabalho e você não concordar com isso, seja educado ao ouvir as observações da banca e discorde com elegância e respeito, afirmando que suas pesquisas levaram às conclusões que chegou. Repito, mesmo que você não concorde, saiba falar com respeito e consideração, sem ofender o integrante da banca, afirmando, porém, que seu posicionamento nesse ponto específico é outro e que chegou a ele por tais e tais razões. Aqui é pertinente uma observação muito importante, que constitui o próximo item. 9) Fundamente seus posicionamentos com ampla doutrina, pesquisa e outras provas. Na academia, não importa muito sua predileção por isso ou aquilo, mas como você chegou a tal conclusão. 10) Tenha humildade! Sempre alguém será melhor que você em alguma coisa e poderá lhe ensinar algo. Se você não for humilde, aprenderá as coisas da pior maneira possível. Se for humilde, o aprendizado será agradável a todos.

Cecília, então, lançou-me mais uma pergunta:

— Mais uma coisa: **COMO É QUE VOCÊ ESCREVE?** Eu tenho muitas dúvidas para escrever, dificuldades surgem e às vezes o tempo passa e não fiz nada.

— Bem-vinda à humanidade, Cecília. Todas as pessoas do mundo têm dificuldade para escrever. Só se supera a dificuldade de escrever praticando-se. Cada um tem um jeito: enquanto alguns se concentram e preferem escrever tudo em poucos dias, outros escrevem aos poucos e deixam as ideias fluírem para melhorar o texto. Acredito que este último formato seja bem interessante para quem não é acostumado a escrever: fazê-lo aos poucos, todos os dias. George Bernard Shaw escrevia cinco páginas por dia e nenhuma frase a mais. Depois de nove anos publicou seus escritos e ganhou o Prêmio Nobel. Mas, até esse dia chegar, sofreu muitas dificuldades. O importante é que, para poder escrever, é preciso ler primeiro. Escrever, acima de tudo, deve representar momentos de entrega para a arte, para expressar o seu eu integrado com o mundo todo afora. É um exercício de paz e guerra para quem escreve, mas, acima de tudo, uma contemplação do universo transcrita em palavras.

— Você acha que sou capaz de fazer doutorado, de escrever ou de ministrar boas aulas?

— A pergunta que você deve fazer é outra: O quanto você realmente quer isso?

SINTETIZANDO

Para escrever uma página ou um livro, tenha amplo domínio do assunto que está tratando.

COMO SE FAZ UMA TESE

ESCOLHA DO TEMA
- Selecione, preferencialmente, um tema sobre o qual já tenha experiência.
- Mergulhe no tema: faça entrevistas e pesquisas de campo.
- Faça estudos aprofundados (torne-se autoridade no assunto).
- Faça um recorte do tema.

PASSOS PARA ESCREVER
1. Assista a bancas de mestrado e doutorado.
2. Consulte as fontes originais.
3. Seja honesto: sempre cite a fonte.
4. Leia tudo o que seu orientador já escreveu ou publicou.
5. Siga as indicações ou correções sugeridas pelo seu orientador.
6. Leia integralmente os livros dos estudiosos que tratam do tema de seu trabalho.
7. Leia integralmente os livros dos professores que farão parte de sua banca.
8. Durante a apresentação de seu trabalho, fale apenas no tempo que lhe couber, não interrompa os professores e reconheça seus erros.
9. Fundamente seus pontos de vista de forma consistente.
10. Seja humilde.

Em ação

Escreva um texto de dez páginas sobre um assunto de que você goste, utilizando, para isso, as técnicas apresentadas neste capítulo. Após a revisão do texto, procure publicá-lo.

Não deixe de ler!

ECO, U. **Como se faz uma tese**. 18. ed. São Paulo: Perspectiva, 2003.

Nesse livro, cujo título foi reproduzido neste capítulo para homenagear essa excelente obra, Umberto Eco ensina como se escreve um texto científico.

PROFESSOR

Vigésima oitava aula
Os três encantadores

Professor encantador

No dia 12 de junho de 2012, a convite do instrutor do Instituto Dale Carnegie, meu prezado amigo Noroaldo, e de minha amiga Cenira, eu proferi uma palestra nas cidades de Dois Vizinhos e Palmas, no Paraná. O evento era de uma magnitude indescritível para mim. Em primeiro lugar, porque algumas das entidades mais importantes na sociedade participavam ativamente da organização ou como convidados, tais como o Instituto Dale Carnegie, a Universidade Federal de Palmas, o Rotary Club, a Associação Comercial, entidades espíritas, católicas e de outras religiões, companhias de dança, estudantes, vendedores, integrantes de diversos setores da região, enfim, pessoas de múltiplas atividades empresariais, assistenciais ou particulares. Falo de algumas entidades importantíssimas e certamente deixei involuntariamente de mencionar outras, mas quero dizer que valorizo todas as pessoas que estavam lá, independentemente de sua ocupação. Mesmo uma senhora encarregada da limpeza do evento que já estava liberada para ir para casa disse que gostou do tema e ficaria para assistir. Ouvir isso me trouxe muita alegria. Gosto de perceber quando pessoas que habitualmente não leem ou que não assistem a palestras estimulam-se para conhecer algo e mudam de atitude. Essa atitude aberta para o conhecimento demonstra maturidade e abertura para o novo, fatores essenciais de almas que estão sempre dispostas a aprender e crescer com a dinâmica da vida em si.

O outro motivo de minha grande expectativa para a palestra é que eu falaria pela primeira vez sobre uma ideia que tive depois que concluí a biografia de Dale Carnegie, isto é, que o mundo tem três grandes "encantadores". Desde o início da fala, que reproduzo a seguir, eu já estava bastante emocionado.

> Senhoras e senhores,
>
> Hoje à tarde eu estava tomando um chimarrão na companhia de minha amiga Cenira, empresária do ramo de livrarias de Palmas, e de meu amigo Noroaldo, dirigente e instrutor do Instituto Dale Carnegie. Esses dois valiosos amigos que tenho sempre me impressionam com a sabedoria na aplicação e difusão dos princípios de Dale Carnegie.
>
> Nesse agradável encontro, momentos antes de nos dirigirmos para este belíssimo auditório, lembrávamos que a região de Palmas e Dois Vizinhos foi caracterizada pela rota dos tropeiros, os cavaleiros que traziam mercadorias do Sul para comercializar nas diversas regiões pelas quais passavam. Lembrei que em uma de suas passagens, próximo à cidade de Palmeira, onde meu bisavô era proprietário de uma fazenda, compravam-se dos tropeiros cavalos para lidar com o gado e ajudar na lida diária da fazenda.
>
> Durante minha infância, cavalguei em cavalos que eram descendentes diretos de cavalos trazidos pelos tropeiros, adquiridos pelo meu bisavô. Quando observava aqueles animais maravilhosos, verdadeiros amigos e de ótimo temperamento, ficava pensando por que o método de doma era tão cruel e torturante para seres tão companheiros dos humanos.

Naquela época, em todo o mundo, adestravam-se cavalos com muita crueldade. Para que se submetessem com medo dos humanos, os cavalos eram trancados em pequenas cercas e chicoteados; às vezes, aplicavam-se choques elétricos e durante dias apanhavam com sacos pesados e pauladas. Jogavam-se lonas sobre os cavalos para aterrorizá-los.

Quem descreveu essa forma de domar cavalos adotada por seu próprio pai foi uma pessoa chamada Monty Roberts[1]. Como ele amava os cavalos e não compartilhava com um tratamento tão cruel e indigno, começou a observar a linguagem que eles tinham na manada. Descobriu que os cavalos eram seres inteligentes, que tinham sua própria maneira de comunicação. Bastava interpretar os sinais que eles tinham entre si. Depois de ingressar no mato e verificar como era a comunicação dos cavalos, Roberts concluiu assim o que poderia ser feito de diferente:

> Não terei nenhum tipo de chicote perto dos cavalos. Usarei minha voz até certo ponto, mas principalmente a linguagem do meu corpo. Dessa maneira, vocês terão animais dispostos a fazer suas vontades pelo resto de suas vidas. Para conseguir isso com seis cavalos, levarei exatamente três horas; não três semanas. (Roberts, 2011, p. 28-29)

Desde criança, Roberts demonstrava seu respeito pelos cavalos, mas, por causa disso, sofreu muito, foi espancado pelo pai, riram dele e, quando ele começou a adotar o seu método, disseram que ele era uma farsa. Afinal, ele ousou fazer algo diferente do que se acreditava ser a única via de lidar com os animais.

---

[1] As informações sobre Monty Roberts baseiam-se no livro desse autor intitulado *O homem que ouve cavalos* (Roberts, 2011, p. 27-29).

Durante o período de angústia de sua vida, quando tudo parecia estar contra ele, até mesmo o seu professor disse que ele era um lunático e que seus sonhos jamais poderiam ser alcançados. Os anos se passaram e aquele professor aprendeu a lição que Monty Roberts ensinou ao mundo. Reconhecendo seu erro, o ex-mestre de Roberts demonstrou nobreza e ensinou outras pessoas sobre até onde se pode chegar para atingir os próprios ideais. O professor a que me refiro é bastante real e tem nome: Lyman Fowler.

Na ocasião da visita de Fowler à propriedade de Roberts, um lugar onde todos os cavalos eram tratados com respeito, vejamos atentamente o que Fowler disse para um grupo de aproximadamente 50 pessoas:

> Um professor não tem o direito de reprimir as aspirações dos seus alunos, não importa quão irrealistas possam ser estas aspirações. [...] Houve uma época em que eu disse a Monty que isto tudo era irrealizável. Agora que vocês deram uma boa olhada em tudo, também tiveram a oportunidade de ver como ele provou que eu estava errado.
>
> (Roberts, 2011, p. 252)

Permitam-me que eu repita para todos os professores e alunos aqui presentes as palavras de Fowler, um professor que também soube aprender com seu aluno: **UM PROFESSOR NÃO TEM O DIREITO DE REPRIMIR AS ASPIRAÇÕES DOS SEUS ALUNOS, NÃO IMPORTA QUÃO IRREALISTAS ELAS POSSAM SER**.

Todos os professores deveriam ler essas sábias palavras todos os dias antes de entrar em uma sala de aula e começar a sufocar os alunos com seu descrédito no mundo e nas pessoas.

O primeiro encantador que gostaria de homenagear hoje, o "encantador de cavalos", mudou a maneira de se relacionar com os equinos, até então violenta, agressiva e traumática, passando a ser, depois de seus ensinamentos, gentil e amigável e revelando a verdadeira essência do sentido da amizade entre pessoas e cavalos. Sempre nos lembremos dele, sempre nos lembremos de Monty Roberts.

Vejo que nós podemos aprender muitas coisas com Roberts, mas também com os cavalos! Por que não? Afinal, os cavalos são seres que sempre foram nossos parceiros e compartilham o universo conosco. Tratá-los com um ar de superioridade é inconcebível. Só deve haver espaço para admiração.

O segundo encantador chama-se Cesar Millan². Ele simplesmente mostrou que os cães, se num primeiro momento podem sacrificar sua vida para salvar a nossa, por outro lado, confiaram completamente na liderança das pessoas para viver bem e com equilíbrio.

Quando a liderança humana falha, o cão fica confuso e apresenta problemas. Millan sempre foi um apaixonado por cães. Quem o vê hoje brilhar em Hollywood pode pensar que ele é filho de um

---

2   As informações sobre Cesar Millan baseiam-se no livro desse autor intitulado *O encantador de cães: compreenda o melhor amigo do homem* (Millan; Peltier, 2006).

empresário ou ator de cinema que foi indicado para estrear uma nova série.

Ninguém poderia imaginar que o "encantador de cães", hoje famoso mundialmente e badalado em todos os lugares em que se apresenta, foi um adolescente extremamente pobre, um imigrante mexicano que atravessou a fronteira para os Estados Unidos clandestinamente e que foi parar em San Diego.

Vivendo nas ruas de San Diego e procurando um emprego desesperadamente para conseguir alimentar-se, Millan dá sua primeira aula: a obstinação. Mas não é só. Já nos primeiros momentos reconhece a bondade dos outros. A gratidão é outra grande virtude que devemos almejar. Vejamos estas duas lições que Millan nos brinda com a simplicidade e profundidade que lhes são peculiares:

> Eu não sabia onde procurar emprego de "treinador de cães" – nem sequer conseguia entender o que estava escrito na lista telefônica. Mas um dia, ao caminhar por um bairro – ainda animado por estar nos Estados Unidos –, vi a placa de um pet shop. Bati à porta e consegui unir as palavras para perguntar às duas proprietárias do lugar se elas tinham uma vaga de emprego. Para minha surpresa, elas me contrataram na hora.
>
> Lembre-se, eu não falava inglês, vivia nas ruas e minhas roupas estavam gastas e sujas. Por que elas confiariam em mim? Mas elas me deram o emprego e também 50% dos lucros de todos os negócios que eu fechasse. Metade dos lucros! Depois de alguns dias, elas ficaram sabendo que eu não tinha onde morar e me deixaram viver ali, no *pet shop*.

> Até hoje digo que essas mulheres são meus anjos da guarda norte-americanos. Elas confiaram em mim e agiram como se me conhecessem a vida toda. (Millan; Peltier, 2006, p. 53-54)

De uma maneira brilhante, Millan preconiza que as pessoas devem ter três práticas para que seus cães sejam saudáveis e tenham equilíbrio:

1. exercício (diariamente para organizar as energias acumuladas e ter equilíbrio);
2. disciplina (com o estabelecimento de regras, limites e treinamento de tarefas);
3. afeto (para que o cão saiba que é estimado e como recompensa pelos progressos).

Segundo Millan, se seguirmos esses ensinamentos na ordem em que foram formulados, nossos cães têm todas as condições de serem saudáveis e bons companheiros.

Se pensarmos bem, podemos aplicar esses princípios de forma adaptada à vida dos seres humanos. Por outro lado, ao nos relacionarmos bem com cavalos, cães, gatos, plantas e com todas as energias do universo, temos tudo para vivermos uma vida mais plena.

Contudo, o mundo dos encantamentos não estaria completo se não tivéssemos o "encantador de pessoas".

Para mim, o terceiro encantador descobriu segredos do próprio encantamento humano: regras de relacionamentos, negócios, oratória e princípios para vivermos melhor foram desvendados por ele de maneira praticamente mágica. Como ele fez isso só é possível saber se conhecermos sua vida. O fato é que seus princípios estão aí, graciosamente expostos para alcançarmos uma vida mais saudável, mais rica e mais próxima das pessoas. Seu nome: Dale Carnegie.

Carnegie teve a coragem de questionar se a oratória que se adotava como modelo no seu tempo poderia promover resultados práticos: um emprego, uma venda ou a obtenção de um apoio. Ele teve a ousadia de ver os estudantes como seres que devem participar ativamente do curso, ao invés de serem passivos espectadores, como era costume acontecer. Carnegie observou que as pessoas deveriam ter autoconfiança desenvolvida para desvendar seus dons. Ele foi herói o bastante para abordar a depressão e a tentativa de suicídio, o estresse e a insônia, enfim, as maiores fontes de desesperação humana foram por ele enfrentadas e colocadas nos seus devidos lugares.

No seu *best-seller* intitulado *Como fazer amigos e influenciar pessoas*, Carnegie desenvolveu o maior sistema de regras de comunicação eficaz que jamais foi idealizado pelos filósofos que o antecederam, nem mesmo aqueles que Carnegie tanto admirava, como Sócrates, Epicuro, Marco Aurélio, Buda, Schopenhauer e William James.

O que me impressiona até hoje é que os três encantadores podem ser chamados de filósofos, pois cada um deles, Roberts, Millan e Carnegie, desenvolveu um sistema completo de pensamentos e princípios, tanto no trato com os animais, como é o caso de Roberts e Millan, quanto no que se refere à comunicação e à vida humana, no caso do sistema desenvolvido por Carnegie.

Na verdade, esses três encantadores não são somente filósofos, mas verdadeiramente cientistas, porque demonstraram, por intermédio de incansáveis aplicações práticas e a toda prova, que seus métodos, princípios e pensamentos eram realmente funcionais para beneficiar pessoas e animais.

Fato curioso na vida desses três encantadores é que eles têm muitas coisas em comum. Vejamos algumas delas:

1. Os três encantadores nasceram em estado de muita pobreza e tiveram de batalhar muito para poder sobreviver.
2. Os três enfrentaram dificuldades sem fim, obstáculos que quase os levaram à loucura.
3. Os três tinham sonhos e se recusaram a desistir deles até que os alcançaram.
4. Os três estudavam muito sobre seus objetivos, cada um à sua maneira, e também refletiam sobre como as coisas poderiam ser, desenvolvendo um pensamento próprio, sem se importar se o mundo todo estava ridicularizando ou contestando seus métodos.
5. Os três perceberam o nível energético à sua volta e procuraram entender o que o ambiente estava a requisitar.

Enquanto Roberts percebeu o que os cavalos sentiam relativamente à natureza e aos humanos, Millan percebeu que as energias humanas não podem ser ocultadas dos cães, o que faz com que eles reajam positiva ou negativamente, dependendo do nível energético humano. Por outro lado, Dale Carnegie percebeu que seus alunos não conseguiam expressar-se publicamente porque lhes faltava autoconfiança, em decorrência de traumas e inseguranças. Então, Carnegie desenvolveu trabalhos personalizados e que depois se tornaram verdadeiras regras para se adquirir autoconfiança. Carnegie demonstrou a importância da energia fortalecida enquanto uma pessoa se expressa em público ou simplesmente procura vender um produto.

Se pensarmos bem, o seguinte raciocínio de Millan e Peltier (2006, p. 56) explica magnificamente a importância da energia que desenvolvemos:

> Quando alguém cresce ao redor de cães, é capaz de perceber automaticamente se os níveis de energia dos animais são normais. O estado de espírito saudável e equilibrado pode ser reconhecido em qualquer criatura – ele é o mesmo para um cavalo, uma galinha, um camelo e até uma criança.

Carnegie criou uma fórmula mágica para desenvolvermos uma energia de sucesso no assunto que nos importa: agir como se fizéssemos bem o que quer que pretendamos fazer, isto é, mentalizar tal ação. Se temos medo, por exemplo, devemos agir como se não tivéssemos medo nenhum. E Carnegie demonstrou isso para milhares de pessoas que instruiu pessoalmente, enquanto seus livros ajudaram a vida de milhões de seres preocupados, tímidos e receosos de que nunca pudessem exprimir o talento que tinham.

As boas energias melhoram nossa vida com as coisas, os animais e os relacionamentos que temos com as outras pessoas.

A partir de agora, falarei especificamente sobre o "encantador de pessoas", expressão que passei a utilizar logo após ter concluído a biografia de Dale Carnegie. Vejamos como foi sua vida, desde seu nascimento, suas influências, decepções e os conceitos que divulgou para o mundo. Vejamos principalmente como ele conseguiu transformar um limão em uma limonada...

E a palestra continuou durante a noite tratando de *A vida de Dale Carnegie e sua filosofia de sucesso*.

Sintetizando

Para ser bom professor, aprenda a ser encantador de almas.

Os três encantadores		
Roberts (Cavalos)	**Millan** (Cães)	**Carnegie** (Pessoas)
Roberts	Os sonhos aparentemente impossíveis podem ser realizados.	
Millan	A natureza funciona com energias. Devemos ter energia calma e assertiva. Conquistamos isso com: → Exercício. → Disciplina. → Afeto.	
Carnegie	Todos podem alcançar o sucesso, basta ter determinação e seguir as regras da comunicação.	

Em ação

Minutos antes de entrar em sala para dar sua próxima aula, leia somente para si as palavras de Lyman Fowler: "Um professor não tem o direito de reprimir as aspirações dos seus alunos, não importa quão irrealistas possam ser estas aspirações" (Roberts, 2011, p. 252).

Não deixe de ler!

ROBERTS, M. **O homem que ouve cavalos**. Tradução de Fausto Wolff. 15. ed. Rio de Janeiro: Bertrand Brasil, 2011.

Nesse livro, o autor explica como desenvolveu o método mais revolucionário de encantar cavalos.

Vigésima nona aula
Aprendendo a ser ainda mais persistente

A persistência como virtude e método

Era julho de 2008 e eu acabara de desembarcar em Nova Iorque, onde se daria o início das pesquisas nos lugares onde Dale Carnegie viveu. A chegada dele nessa cidade ocorreu no início do século XX. Em 1912, Carnegie começou a ministrar seu curso de oratória e, entre idas e vindas, veio a falecer no dia 1º de novembro de 1955, na mesma cidade. Eu tinha ideia dos lugares que visitaria em Nova Iorque: a Rua 125, no Harlem, onde Carnegie deu início ao curso de oratória que se tornaria a mais importante instituição de treinamento de oratória e em técnicas profissionais e pessoais. Era preciso visitar Forest Hill, onde se localizava a casa que ele tinha adquirido no início da década de 1930 e na qual morou até seu falecimento. Havia também a Igreja de San Patrick, onde proferira seu discurso mais emocionante; a biblioteca de Nova Iorque, onde havia feito as pesquisas para escrever seus livros; o apartamento em que morara quando era bastante pobre, na região então denominada de *Cozinha do Inferno*.

Entretanto, o primeiro lugar que decidi visitar foi o Curso Dale Carnegie de Nova Iorque, na Terceira Avenida. Pretendia colher algumas informações com as pessoas que dirigiam o curso. Nesse dia, algumas coisas que aconteceram provaram algo para mim: **SER PERSISTENTE É CHEGAR LÁ**, não importa o quão difícil possa parecer.

Quando entrei no prédio em que se situava o Curso Dale Carnegie, minha expectativa era muito grande, pois eu pretendia marcar uma entrevista com alguém que pudesse prestar informações sobre o instituto e, quem sabe, sobre Dale Carnegie. Logo que me apresentei ao porteiro e pedi para visitar o andar do instituto, ele perguntou:

— O senhor é aluno?

— Não senhor.

— O senhor é professor ou trabalha no instituto?

— Não senhor.

— O senhor tem hora marcada?

— Não senhor.

— Então lamento muito, mas não poderá entrar.

Dez minutos depois de um diálogo insistente, porém educado, o porteiro aceitou ligar para a secretária e colocar-me na linha com ela. Passei o fone para o porteiro e ele, contrariado, forneceu-me um crachá e disse para eu entrar. Nos outros dias em que eu visitaria o curso no prédio, o diligente porteiro que pedia até o DNA das pessoas que queriam ingressar no edifício, quando me via, fazia uma cara de que não adiantava querer me contrariar, eu entraria ali de um jeito ou de outro, então fazia um gesto para eu entrar e acabava sorrindo e achando engraçado. Eu também achei engraçado, mas comecei a refletir sobre o que acontecera.

Depois que saí da reunião no curso, decidi conhecer o Central Park e fui caminhando até lá. Fiquei completamente pasmo com a beleza e o encanto do lugar. Senti realmente uma ótima energia até que cheguei a um pequeno morro que havia ali, bastante íngreme, fazendo um ângulo de praticamente 90°. Pensei comigo: "Seria legal escalar este morro, mas não seria nada fácil". Então, observei que lá no cume havia dois rapazes contemplando a vista, bastante sorridentes, quase que zombando das pessoas que estavam embaixo. Pareciam mesmo dois cínicos. Senti uma espécie de desafio no ar. Mas eu estava com sapato, calça e camisa social, paletó na mão. Os dois no alto olharam para mim e sorriram. Pareciam estar dizendo: "Você nunca chegará aqui!".

Eles não sabiam com quem estavam lidando. Amarrei o paletó na cintura. Arregacei as mangas da camisa. Dei mais uma olhada. Os dois estavam muito bem arrumadinhos, tentando insinuar que a escalada tinha sido fácil (embora eu soubesse que não era assim tão simples, principalmente para um principiante como eu). Estava decidido. Comecei a subir cuidadosamente, porém já no início meu sapato ficou riscado, minha camisa, arranhada e minha calça, suja. Não importava mais nada, toda a minha missão estava definida naquele momento, eu sabia bem o que eu queria: escalar aquele morro. As rochas eram duras e pontudas, mas era possível, com muita força, progredir aos poucos. Calculei que estava na metade da subida. O calor era intenso e eu suava muito.

Agora faltava mais ou menos 30% do percurso, mas eu quase não aguentava mais. Olhei para cima e o alto estava muito mais nítido. Volta e meia apareciam "os dois sujeitos 'mauricinhos' sacanas que devem ter feito aulas de escalada desde crianças, matriculados pela mamãezinha que deveria querer ficar livre deles para poder passear nos *shoppings*...". Pensamentos preconceituosos. "Não, vou apagar tudo da minha mente", pensava. Mas os sujeitos davam uma olhada para ver se eu conseguiria. "Sacanas. Claro que vou conseguir. Poderia descer agora, mas vou escalar esta... eca... até o fim. Vocês verão...", era o que eu conseguia pensar.

Quase não acreditei na minha capacidade. Tudo o que eu aprendera fora numas aulas de escalada básica que tive numa academia em Curitiba. Mas usei cada pedacinho do conhecimento que adquirira para fazer aquilo que eu já considerava uma insanidade.

Olhei para baixo e algumas pessoas já se acumulavam para ver o que eu estava fazendo. Um ou outro ria, mas pensei: "Caramba, estou em Nova Iorque e provavelmente não tem nenhum conhecido lá embaixo. Então, vamos em frente. Força. Força. Mais um pouco. Estou quase conseguindo". Minhas roupas já estavam bastante danificadas, mas eu não me importava mais.

Coloquei a mão no topo, apoiei o pé, ganhei suporte e consegui puxar a cabeça até a base do cume para dar uma espiada antes de fazer os movimentos finais até a vitória total. Eu estava prestes a conseguir uma façanha que certamente poucas pessoas na cidade ou quiçá no mundo conseguiriam: escalar aquele morro. Mais um apoio no pé e finalmente tive sustentação suficiente para conseguir ter a primeira vista do cume. Minha cabeça estava no nível do chão e ainda não me encontrava completamente pronto para subir com o corpo.

Olhei os dois sujeitos novamente. Passei a admirá-los. Deveriam ser conhecedores de técnica suficiente para escalar o Everest e o K2, e eu respeitava muito estes super-humanos que conseguiam tais façanhas. A questão era que eles tinham muita classe. Então, como conseguiram escalar aquele morro e manter-se tão alinhados?

Foi então que tive uma visão que me deixou assombrado. O que era aquilo? Uma mulher empurrando um carrinho de bebê! E na maior tranquilidade! Em um rápido pensamento me veio a possibilidade de um helicóptero ter pousado ali. Decidi concentrar-me completamente para finalizar a subida, interrompida para verificar o que eu iria encontrar no cume.

Quando coloquei finalmente o corpo no topo, senti que estava seguro. Deitado, respirei um pouco, mas, mesmo antes de descansar totalmente, decidi elucidar o mistério que ocorria: o cume do morro estava bastante povoado e as pessoas faziam até piquenique lá. Olhei atento de onde vinham: uma estradinha simpática e suave fazia voltas até chegar à pista de caminhada do parque. Não acreditei no que eu havia feito. Eu escalara um morro no Central Park, só que ele tinha acesso do outro lado, por uma estradinha que até pessoas com bebês podiam subir.

Tentei lembrar qual teria sido a última vez que eu fizera algo tão ridículo. Não consegui. Provavelmente eu devo ter feito. Mas o que era aquilo? Eu parecia um ser de outro planeta. Sei que algumas pessoas são muito excêntricas, mas isso não fazia meu estilo. Voltou-me o pensamento de que eu não era conhecido na região e isso me confortou.

Depois que recobrei o equilíbrio, comecei a rir. Lembrei que no dia anterior eu havia comprado um *ticket* para o metrô e o *ticket* não funcionara, não tinha liberado a minha passagem. Falei com o responsável na cabine e ele disse que não poderia fazer nada e que eu deveria retornar e ir reclamar na empresa. Insisti com o *ticket*, voltei a falar com o rapaz da cabine. Ele negou atendimento. Tentei novamente o *ticket*. Não adiantou. Um casal viu minha dificuldade e tentou me ajudar. Não deu certo. Disse para o casal que poderiam seguir e que não precisavam se preocupar que eu resolveria a questão. Pensei: "Tem gente muito especial e prestativa neste mundo". Mas eu precisava resolver o problema do *ticket*. Estava tão determinado que o sujeito bastante rude da cabine saiu, veio até a catraca e liberou a minha passagem.

– *Thank you* – eu disse.

Comecei a rir, mas ri de felicidade, porque percebi o quanto eu era determinado e persistente para resolver as coisas que eu queria. O que aconteceu no Central Park não havia sido ridículo. Pensei que eu havia pago um mico. Mas, ao refletir melhor, percebi que eu não havia pago mico nenhum. Aquilo era simplesmente a minha personalidade de guerreiro. Era a minha assinatura. Deixei de ficar envergonhado pelo que fiz no Central Park e um sentimento forte de orgulho surgiu em mim. Fiquei muito feliz. Aquilo era a minha cara. Vencer os obstáculos.

Quando eu escalei o morro, havia pensado que, se aqueles "carinhas sacanas" subiram até lá, eu também poderia subir. Agora pensava diferente: que o cume do morro era mesmo o meu lugar por direito e eu deveria lutar mesmo para estar lá.

A viagem e a pesquisa que fiz para escrever o livro foram absurdamente difíceis e cheias de obstáculos, mas eu era uma outra pessoa, alguém que não se intimidava com mesquinhez ou com derrotismo. Tampouco a bravata me intimidava. Sim, eu estava certo de que deveria prosseguir em minha missão, continuar com a coragem de sempre e persistir ainda mais.

Só que agora eu tinha outra missão: tentar mostrar um pouco disso para o mundo. Mostrar que há pessoas feitas de ferro fundido, diamante, fogo e gelo. Pessoas cunhadas pela natureza e que acabam sendo parte da natureza.

Vou atrás dessas histórias corajosas para mostrar ao mundo que vale a pena ter dignidade. Vale a pena lutar pela verdade. Esse é um caminho que todos podemos escolher, mas que só se alcança mesmo quando se faz um pacto com todas as contradições: um pacto de ir até o fim da estrada, independentemente de ela terminar hoje, amanhã ou de não terminar nunca. Naquele dia, conquistei Nova Iorque. Quantos fizeram isso? Naquele dia, aprendi a lição. Depois que se aprende a lição, o aluno se torna professor.

SINTETIZANDO

Para obter os resultados pretendidos, seja persistente.

SER PERSISTENTE É CHEGAR LÁ!

Não se importe com os "nãos" que você ouvirá.

Pense bem: se muitas pessoas que não são tão preparadas ainda e não estudaram tanto quanto você conseguem o sucesso, por que você não pode conseguir também?

Não se importe com as críticas que não são contrutivas, Carnegie dizia que elas são um "cumprimento disfarçado".

Frases do tipo "Isto não é possível" ou "Isto não pode ser feito" foram ditas aos montes para as pessoas que "fizeram algo".

Veja as dificuldades como desafios fascinantes subindo a "montanha" no *Central Park*.

Quando estipular a missão, vá até o fim. A flexibilidade no plano não quer dizer "desistir".

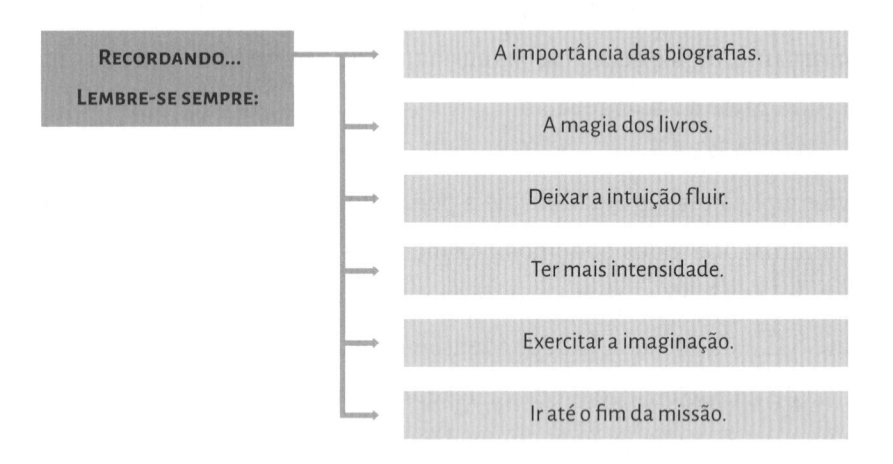

RECORDANDO...
LEMBRE-SE SEMPRE:

- A importância das biografias.
- A magia dos livros.
- Deixar a intuição fluir.
- Ter mais intensidade.
- Exercitar a imaginação.
- Ir até o fim da missão.

Em ação

Quando um estudante não entender a matéria, explique-a de maneiras diferentes até ele entendê-la. Quando tiver um objetivo profundo e sério, insista até alcançá-lo.

Não deixe de ler!

MELVILLE, H. **Moby Dick**. Tradução de Berenice Xavier. Rio de Janeiro: Tecnoprint, 1981.

Esse livro conta uma história rica e cheia de simbolismos interessantes, tais como se tentar atingir o inatingível (matar a baleia).

Aula final

O primeiro dia de aula

Olhei o jornal e vi um anúncio: "Precisa-se de professor de Direito para curso preparatório para concursos". Achei que precisava de um ato de coragem para disputar a vaga. Em um pensamento impulsivo, decidi que iria candidatar-me ao cargo. Anotei o endereço e fui até o prédio do curso.

Pela manhã, conheci Remo, o diretor bem-sucedido e experiente realizador de concursos públicos, que agora analisava os concursos quase que cientificamente para poder fazer sua empresa ser bastante competitiva ao preparar candidatos. Quando me apresentei, Remo falou-me o que ele pensava sobre como deveria ser uma aula: didática, objetiva, séria, dinâmica, bem preparada. Então, perguntou-me:

— Faz quanto tempo que você concluiu o curso de Direito?

— Um ano. Mas estou fazendo especialização.

— Bem, aqui está o programa. Você pode preparar-se e voltar daqui a dois meses para o teste, junto com outros candidatos.

— Desculpe-me, diretor, mas para Direito Penal posso fazer a prova agora.

A prova durou a manhã toda. Quando terminou, Remo perguntou-me:

— Você pode dar aula hoje à noite?

— Posso sim...

— Então, começa às 19h. Até lá.

Foi assim que fui contratado pela primeira vez para lecionar. Fiz a prova pela manhã e à noite estava lecionando. Eu não cabia dentro de mim de tanta empolgação. Quando Remo não tinha professor para uma outra matéria, acabava me escalando e fazendo com que eu me virasse para estudar e dar conta do recado.

Os anos foram se passando, mas um dia surgiu o reencontro com Ela. Fiz o concurso público e lá estava eu prestes a revê-la, agora na condição de professor. Será? O currículo d'Ela é bem maior: mais de um século de vida, a primeira universidade do Brasil – a Universidade Federal do Paraná.

Na noite anterior pensei muito sobre o que estava para acontecer. A história da minha vida devia em grande parte a Ela. Não consegui dormir à noite. Estranho, eu já era um professor experiente, mas parecia que seria a primeira vez que lecionaria em toda a minha existência. Seria temor ou reverência? Seria gratidão ou simplesmente um estado de perplexidade? Como seria revê-la desta maneira? Seria eu bem recebido por Ela? Será que Ela me aceitaria?

A manhã de névoa cobria os pinheiros, o chafariz, os bustos e os frequentadores assíduos da Praça Santos Andrade, em Curitiba, no ar frio de uma manhã típica da cidade que significa, na língua indígena, "muito pinho". Eu estava ali, na praça em que ficavam os três prédios que foram palco dos eventos mais impactantes de minha vida estudantil.

Passei em frente ao Teatro Guaíra e ao antigo prédio do Colégio Santa Maria. Anos de história pessoal me vieram à mente. Andei pela calçada até deparar-me com um pinheiro que foi plantado pelo então governador do estado no dia 7 de setembro de 1922, em comemoração ao Centenário da Independência do Brasil. Cada passo era sentido como se fosse um passo primordial.

Caminhei até a escadaria e comecei a subi-la até a entrada do imponente prédio. Subi degrau por degrau, refletindo sempre, sempre, sempre que estava em contato com Ela. Uma palavra me veio ao pensamento: *respeito*. Olhei novamente para o prédio, tentei entender se Ela quer falar comigo. Sempre andei por ali como aluno, mas, desta vez, eu subia aquelas escadas para ser o professor. Será que Ela me receberia tão bem quanto me recebeu para estudar? Será que Ela me aceitaria mesmo? Por que eu penso que Ela tem vida própria, tem alma?

Será que está certo eu pensar assim, como se Ela tivesse alma? Será normal pensar assim? Sempre tive a sensação de que é Ela que escolhe seus filhos e filhas. Por que será? Entrei no *hall* principal e divaguei mais um pouco: "Sim, ela sabe o que quer, Ela escolhe quem Ela quer". É simples assim. Só sabia dizer a Ela que estava grato, porque naquele lugar encontrara uma verdadeira casa para mim. Sempre me sentira em casa e Ela sempre me acolhera. Um verdadeiro sentimento de paz e alegria dominava meu ser.

Comecei a subir a escada que dá acesso ao primeiro andar. Então, pensei sobre o que estava para acontecer. Eu iria encontrar quase uma centena de estudantes que lotavam a sala e me aguardavam para começar a aula. Alguns alunos e alunas poderiam passar dificuldades nas suas casas e a aula poderia compensar um pouco suas amarguras. Outros poderiam ter relações amorosas complicadas e estar sofrendo em seus relacionamentos pessoais. Outros, ainda, poderiam estar em dificuldade financeira. Eu sabia bem o que era isso. Outros poderiam estar ansiosos para aprender alguma coisa, precisando progredir profissional ou pessoalmente. Outros simplesmente poderiam estar em dia com suas condições econômicas e interpessoais, mas intimamente enfrentando momentos difíceis.

Com certeza, eu sabia de minha responsabilidade. Se durante 20 horas do dia os alunos poderiam estar passando por momentos difíceis ou até quase insuportáveis, cabia a mim, exclusivamente a mim, fazer algo sobre isso. Ao menos era assim que eu me sentia. Precisava fazer algo especial e isso seria nas próximas horas. Então, estava decidido, a aula teria de valer a pena. Faria com que os alunos pensassem: "As horas anteriores foram duríssimas, mas agora tudo foi compensado com as aulas que tive. O professor fez algo, algo que não sei explicar exatamente, mas que mexeu comigo. Sacudiu a minha alma, balançou o meu ser. O dia valeu a pena porque aprendi alguma coisa, cresci, refleti sobre algo, melhorei, passei a ter uma melhor autoestima. Pensando bem, a semana toda já está valendo a pena. Sei mais um pouco sobre a matéria, mas não é só, o progresso fez parte de mim. Valeu a pena ter me esforçado para assistir à aula. Não, não foi em vão. Sou um pouco diferente agora, mas diferente para melhor".

Eu teria de fazer aquelas horas valerem a pena. Caminhei até a próxima escada. Eu sempre usava as escadas. Pensava que eu deveria curtir cada passo n'Ela. Subi mais um andar e avistei a sala. Fiquei surpreso. A aula seria na mesma sala em que eu tinha aulas quando era aluno d'Ela! Que ironia! Mais uma ironia, percebi: haviam mudado o lado do quadro-negro. Assim, eu ficaria exatamente no lugar em que ficava quando era aluno: no fundão. Será que era mais uma brincadeira d'Ela? Entrei na sala e uma aluna me saudou:

— Bom-dia, professor!

Algo me dizia que as minhas emoções no magistério estavam apenas para começar. Mas isso tudo fazia parte somente dos bastidores da sala de aula...

Referências

ALMEIDA, C. M. de. Estigmas como metarregras da atuação jurisdicional. **Revista Jurídica Themis**, Curitiba, n. 19, 2007-2008.

AURÉLIO, M. **Meditações**. Tradução de Alex Marins. São Paulo: M. Claret, 2001.

AZEVEDO, S. 100 horas de agonia. **Revista Época**, São Paulo: Globo, n. 544, 18 out. 2008. Disponível em: <http://revistaepoca.globo.com/Revista/Epoca/0,,EMI15122-15228,00-HORAS+DE+AGONIA.html>. Acesso em: 14 mar. 2014.

BACH, R. **Fernão Capelo Gaivota**. Rio de Janeiro: Record, 2001.

BACILA, C. R. **A vida de Dale Carnegie e sua filosofia de sucesso**. Curitiba: Belton, 2012.

_____. **Estigmas**: um estudo sobre os preconceitos. 2. ed. Rio de Janeiro: Lumen Júris, 2008.

_____. **Síntese de direito penal**. 3. ed. Curitiba: JM, 2001.

BASTOS, C. L.; CANDIOTTO, K. B. B. **Filosofia da ciência**. Petrópolis: Vozes, 2008.

BECKER, H. S. **Métodos de pesquisa em ciências sociais**. 4. ed. Tradução de Marco Estevão e Renato Aguiar. São Paulo: Hucitec, 1999.

BERNARDINHO. **Transformando suor em ouro**. Rio de Janeiro: Sextante, 2006.

BRASIL. Lei n. 11.340, de 7 de agosto de 2006. **Diário Oficial da União**, Poder Legislativo, Brasília, 8 ago. 2006. Disponível em: <http://www.planalto.gov.br/ccivil_03/_ato2004-2006/2006/lei/l11340.htm>. Acesso em: 16 out. 2013.

CARNEGIE, D. **Como evitar preocupações e começar a viver**. 37. ed. Tradução de Brenno Silveira. São Paulo: Companhia Editora Nacional, 2003.

_____. **Como falar em público e influenciar pessoas no mundo dos negócios**. 25. ed. Tradução de Carlos Evaristo M. Costa. Rio de Janeiro: Record, 1993.

_____. **Como fazer amigos e influenciar pessoas**. 48. ed. Tradução de Fernando Tude de Souza. São Paulo: Companhia Editora Nacional, 2000.

_____. **Dale's Carnegie Biographical Roundup**. New York: Greenberg, 1945.

_____. **Lincoln**: esse desconhecido. 2. ed. Tradução de Wilson Velloso. São Paulo: Companhia Editora Nacional, 1966.

CARNEGIE, D. **Cresça, não envelheça**. 9. ed. Tradução de Otávio Alves Velho. Rio de Janeiro: Record, 2003.

DAVIS JR., S.; BOYAR, J.; BOYAR, B. **Sim, eu posso**: a história de Sammy Davis Jr. Tradução de Maria Antonieta Tróia. Rio de Janeiro: Bloch, 1968.

DOUGLAS, J.; OLSHAKER, M. **Mentes criminosas & crimes assustadores**. 2. ed. Tradução de Octávio Marcondes. Rio de Janeiro: Ediouro, 2002.

ECO, U. **Como se faz uma tese**. 18. ed. São Paulo: Perspectiva, 2003.

FONSECA, R. M. **Introdução teórica à história do direito**. Curitiba: Juruá, 2009.

FRANKLIN, B. **Autobiografia**. Tradução de Lígia M. Ponde Vassalo. Petrópolis: Vozes, 1991.

GAARDER, J. **O mundo de Sofia**: romance da história da filosofia. Tradução de João Azenha Junior. São Paulo: Companhia das Letras, 1995.

GARDNER, C. **À procura da felicidade**. Ribeirão Preto: Novo Conceito, 2007.

HEMINGWAY, E. **O velho e o mar**. 15. ed. Tradução de Fernando de Castro Ferro. Rio de Janeiro: Civilização Brasileira, 1973.

HERMANN, L. M. **Maria da Penha**: lei com nome de mulher – violência doméstica e familiar. Campinas: Servanda, 2007.

HESS, H. **Mafia**: le origini e la struttura. 3. ed. Traduzione di Gabriele Morello. Roma: Laterza, 1993.

JAMES, W. **Pragmatismo**. Tradução de Jorge Caetano da Silva. São Paulo: M. Claret, 2005.

KEROUAC, J. **On the road**: pé na estrada. Tradução de Eduardo Bueno. Porto Alegre: L&PM, 2008.

LÉA, M. (Org.). **Guia de leitura**: 100 autores que você precisa ler. Porto Alegre: L&PM, 2008.

LONDON, J. **De vagões e vagabundos**: memórias do submundo. Tradução de Alberto Alexandre Martins. Porto Alegre: L&PM, 2006.

MACEDO, J. M. de. **A luneta mágica**. São Paulo: M. Claret, 2002.

MARTINS, C. W. **Desperte o milionário que há em você**: como gerar prosperidade mudando suas atitudes e postura mental. 7. ed. São Paulo: Gente, 2012.

MELVILLE, H. **Moby Dick**. Tradução de Berenice Xavier. Rio de Janeiro: Tecnoprint, 1981.

MILLAN, C.; PELTIER, M. J. **O encantador de cães**: compreenda o melhor amigo do homem. 20. ed. Tradução de Carolina Caíres Coelho. Campinas: Verus, 2006.

MORRIS, C. (Org.). **Os grandes filósofos do direito**. Tradução de Reinaldo Guarany. São Paulo: M. Fontes, 2002.

PHILBRICK, N. **No coração do mar**: a história real que inspirou o Moby Dick de Melville. Tradução de Rubens de Figueiredo. São Paulo: Companhia das Letras, 2000.

RANGEL, P. **Crônicas do cotidiano**. Rio de Janeiro: Sinergia, 2012.

ROBERTS, M. **O homem que ouve cavalos**. 15. ed. Tradução de Fausto Wolff. Rio de Janeiro: Bertrand Brasil, 2011.

SCHOPENHAUER, A. **A vontade de amar**. Tradução de Aurélio de Oliveira. Rio de Janeiro: Tecnoprint, [S.d.].

STONE, I. **A vida errante de Jack London**. 3. ed. Tradução de Genolino Amado e Geraldo Cavalcanti. Rio de Janeiro: J. Olympio, 1952.

TEACHOUT, T. **Pops**: a vida de Louis Armstrong. Tradução de Andrea Gottlieb de Castro Neves. São Paulo: Larousse do Brasil, 2010.

TREVISAN, D. **Em busca de Curitiba perdida**. 3. ed. Rio de Janeiro: Record, 1999.

Apêndice
Marco teórico

Este livro foi elaborado para o professor que procura resultados práticos na sala de aula. Mestres da educação infantil, do ensino fundamental, do ensino médio, do ensino superior e também os professores de idiomas e de outras tantas atividades que aprendemos por intermédio da didática podem beneficiar-se com as metodologias aqui apresentadas.

De que forma isso foi possível?

A intenção foi motivar alunos e professores por meio de mecanismos didáticos que visam trazer resultados, independentemente da área de atuação. Com isso, não se estuda a matéria em si (por exemplo, Biologia), mas os mecanismos de torná-la acessível aos estudantes (por exemplo, como cuidar de uma flor). Visa-se atingir metas, resultados efetivos a curto, médio e longo prazo.

Qual foi a metodologia adotada?

A partir das experiências reais vividas como aluno e professor, discuto métodos transdisciplinares. Discuto não, mostro como foram aplicados e quais foram suas consequências, deixando a critério do leitor sua adoção ou não.

Quais seriam esses métodos?

Palavras-chave: 1) pragmatismo; 2) oratória eficaz; 3) alteridade (ver o outro); 4) metarregras; 5) direitos humanos; 6) estigmas; 7) *bullying*; 8) material de reserva; 9) grupo de apoio; 10) alma etc.

Autores fundamentais no livro: 1) Sócrates; 2) Zenão; 3) Buda; 4) Schopenhauer; 5) John Dewey; 6) William James; 7) Dale Carnegie; 8) Michel Foucault; 9) Wynton Marsalis; 10) Benjamin Franklin etc.

Dois conceitos foram adotados para a elaboração desta obra: *análise experimental* e *pragmatismo*. O motivo para essa seleção é muito simples: na sala de aula, as coisas "acontecem", são "reais", implicam "integração entre pessoas" e é necessário o "progresso". Com o perdão da conclusão, não há espaço para divagação e abstração vazia, atitudes que podem deixar o professor sem ferramentas, planos ou linhas de ação.

Trago experiências pessoais em sala de aula e aplico o pragmatismo, filosofia baseada em William James (psicologia aplicada), John Dewey (educação) e Dale Carnegie (oratória, grupos de apoio, comunicação, signos práticos de ação), além, é claro, de algumas contribuições pessoais adquiridas em mais de 20 anos de magistério.

Pragmatismo vem de *pragma*, que significa "ação", da qual também surgiu a palavra *prática*. Conforme escrevi na biografia de Dale Carnegie, "enquanto o racionalismo emprega a lógica, o empirismo, os sentidos extremos, o pragmatismo aproveita as duas filosofias, mas também aproveita as experiências mais humildes, inclusive as místicas, se tiverem benefício prático" (Bacila, 2012, p. 257).

Neste ponto, é fundamental o seguinte esclarecimento de James (1989, p. 93):

> A importância da diferença entre pragmatismo e racionalismo mostra-se agora à vista através de toda a sua profundidade. O contraste essencial é que, para o racionalismo, a realidade já está pronta e

completa desde toda a eternidade, enquanto para o pragmatismo está ainda sendo feita, e espera parte de seu aspecto futuro. Por um lado, o Universo está absolutamente firme; por outro, está ainda perseguindo suas aventuras.

Não pretendi com isso doutrinar exclusivamente sobre o pragmatismo no magistério, mas utilizar minha própria experiência – metade como aluno e metade como professor – aplicando o pragmatismo. Sobre essa metodologia, o filósofo e pedagogo John Dewey (citado por Durant, 1996, p. 383) afirma o seguinte: "A atitude experimental [...] substitui asserções generalizadas pela análise detalhada, convicções temperamentais por investigações específicas, opiniões cuja grandeza estão em precisa relação com sua imprecisão por pequenos fatos".

Por outro lado, é necessária uma observação sobre o conceito de *pragmatismo* aqui empregado, que guarda relação com os pensadores mencionados, e não com a dimensão atual de pragmática, associada à pesquisa da linguagem (Marcondes, 2005, p. 8).

Nesse contexto, estudam-se em conjunto semântica, sintaxe e pragmática. Aqui, estaríamos na seara de Rudolf Carnap, Ludwig Wittgenstein, John Austin, Jürgen Habermas e outros. Não é o caso do presente estudo. Não que não exista relação entre os conceitos; o que ocorre é que simplesmente a partir de Carnegie o pragmatismo de James e Dewey (com menos ênfase em Peirce) tomou outro rumo.

Nesse sentido, recebi grande influência do pensamento de Carnegie. É que há mais de 30 anos leio esse autor e recebi valiosas lições para o magistério. Contudo, ao decidir escrever uma biografia sobre Carnegie descobri, nos 10 anos seguintes de intensa pesquisa, que o autor americano desenvolveu uma filosofia própria com base no pragmatismo de James. Essa descoberta foi realmente surpreendente e inédita, tendo em vista que o pensamento geral sempre foi no sentido de que Carnegie utilizava o senso comum e era simplesmente autor de livros de autoajuda.

Como menciono na biografia de Carnegie:

> A ação tem base na experiência, mas não vive só dela, pois toma a observação do que é correto como modelo. A experiência é uma fonte primordial da verdade pragmática, mas não é a única. Conforme já se verificou, Carnegie aproveita qualquer evento corriqueiro, como, por exemplo, a conquista de uma amiga por meio de um determinado diálogo, a realização de um bom negócio empregando-se uma abordagem interessante, a contratação de um empregado por uma qualidade observada neste, a superação de uma doença em virtude da mudança de atitude mental, a melhora do aspecto físico pela prática de exercícios e, até mesmo, o comportamento de um cachorro ou de um pássaro para extrair conclusões que podem levar a um caminho seguro para agir. Os filósofos pragmatistas que vêm depois de James e Dewey mudaram o foco da experiência para a teoria da linguagem ou do comportamento linguístico, mas esta é uma outra história porque eles são posteriores a Carnegie.
>
> Com efeito, pode-se afirmar que Carnegie praticou mais do que filosofia, ele praticou ciência ao demonstrar e explicar os 'porquês' de as pessoas agirem de determinada maneira e explicar as reações psicológicas às interações e diálogos entre as pessoas. (Bacila, 2012, p. 256)

Em *Nos bastidores da sala de aula*, na maioria dos capítulos, o que faço é mostrar de maneira direta como adaptei alguns princípios de Carnegie ao magistério. Citemos um simples exemplo que apresento na "Sexta aula" e retomo com outros detalhes na "Vigésima sétima aula", quando menciono a ideia de Carnegie sobre o material de reserva. Para ele, um bom começo para aquele que irá tratar de algum tema é escolher algo em que já tenha longa experiência. Mas nem sempre isso é possível, como é no caso de termos de falar sobre cabos elétricos subterrâneos, por exemplo, sem nunca termos visto nada sobre isso. Mesmo que não saiba nada sobre o assunto, o apresentador deve pesquisar além do necessário, acumulando conhecimentos por intermédio de entrevistas a especialistas, visitas a empresas especializadas, pesquisas incansáveis em bibliotecas, livrarias e *sites* na internet, comparecimento em bancas e seminários que tratam do tema, enfim, estudar sete horas para cada sete segundos de apresentação, conforme ele diria. Se pensarmos bem, se o mestre adotar a ideia do desenvolvimento do material de reserva, o conhecimento e a profundidade estarão garantidos. Essa ideia é tão simples quanto pouco empregada, de maneira geral, que preferi ater-me a ela no mínimo em duas aulas.

Na "Vigésima sexta aula", explico que a adaptação do método baseado na filosofia desenvolvida por Carnegie para a pedagogia foi originada pela sugestão de um colega professor universitário e coordenador de curso. Nesse capítulo, faço uma introdução a alguns princípios já desenvolvidos por Carnegie no seu curso de oratória fundado em 1912. Nesse ponto, verificamos a importância do grupo em si, da expressão de cada um como motivador do aprendizado e da autoconfiança. Finalmente, abordo a técnica mágica e revolucionária de Carnegie: ao invés de criticar as falhas dos alunos, enaltecer seus pequenos progressos.

Considero que a educação teve um momento antes de Carnegie e outro depois. Antes, tivemos a educação criticada e descrita por Michel Foucault como o sistema do vigiar, disciplinar e punir. Era a sociedade robotizada, uniformizada, concentrada em conteúdos predeterminados. Todos tinham uma história pronta e acabada, dependendo de onde haviam nascido. Ao menos a ideia era essa. Com Carnegie, costumo dizer que houve a "democratização do sucesso" ao se trazer para a sala de aula o conceito de que cada um pode ser realmente o criador de sua história e atingir os objetivos mais audaciosos. Provavelmente, ainda hoje muitos professores desconhecem a aplicação das ideias de Carnegie na educação. Na verdade, não tenho conhecimento de uma adaptação dos princípios desenvolvidos por ele especificamente na educação, da maneira como fizemos neste livro.

Mas a questão fundamental é que Carnegie mostra como aplicar os princípios que desenvolveu nas categorias da linguagem, utilizando-se como ninguém da filosofia denominada *pragmatismo*. Assim, tratamos aqui de técnicas envolvidas em um sistema filosófico. Deixamos a teoria pura para outra ocasião. Bastidores são bastidores.

A propósito, um tema sobre o qual vale a pena refletir com especial atenção é o fato de se considerar Carnegie como o "encantador de pessoas". Mundialmente são conhecidos dois encantadores: Monty Roberts (o "encantador de cavalos") e Cesar Millan (o "encantador de cães"). Na "Vigésima oitava aula", com o título "Os três encantadores", denominei Carnegie de "encantador de pessoas".

Acredito que todo professor deveria ler e estudar os métodos dos três encantadores. Digo isso porque eles demonstram a essência do estudo, da dedicação e do magistério nas áreas às quais se dispuseram a consagrar sua vida. Muito se pode aprender com esses três "encantadores". No referido capítulo, menciono o que o professor de Roberts (2011, p. 252) aprendeu com ele: "Um professor não tem o direito de reprimir as aspirações dos seus alunos, não importa quão irrealistas possam ser estas aspirações". Após essa autocrítica do professor do "encantador de cavalos", concluí o seguinte: **TODOS OS PROFESSORES DEVERIAM LER ESSAS SÁBIAS PALAVRAS DIARIAMENTE ANTES DE ENTRAR EM UMA SALA DE AULA E COMEÇAR A SUFOCAR OS ALUNOS COM SEU DESCRÉDITO NO MUNDO E NAS PESSOAS.**

Muitas lições também podem ser aprendidas com o "encantador de cães" Cesar Millan. Para citar uma delas, a questão energética. Millan percebe o quanto é fundamental ter uma energia positiva, calma, assertiva e equilibrada quando se está em contato com os cães. Segundo ele, os cães percebem nossa energia. Quando estamos seguros, transmitimos essa segurança aos cães. Por outro lado, Millan reconhece que isso é válido para todos os seres, e não poderia ser diferente. Um cavalo, um cachorro ou um gato percebem quando estamos ansiosos. Os especialistas em comportamentos de tubarões descobriram que, se a pessoa que está na água sente medo, isso é percebido pelos tubarões e pode desencadear um ataque mais facilmente (Millan; Peltier, 2006).

Para que temermos ideias novas ou conexões com a natureza? Será que o jeito de ministrar aula hodiernamente é bom o bastante para não ser aperfeiçoado? A Ph.D. em psicologia Alice Clearman, por exemplo, utiliza programas de Millan para estudar psicologia humana a partir de certos comportamentos similares aos dos animais.

Na área de nosso interesse, o magistério, é claro que os alunos percebem quando estamos inseguros, insatisfeitos, ansiosos ou simplesmente quando não gostamos das pessoas ou do que fazemos. Essa leitura energética reflete diretamente no resultado da aula e, por que não dizer, do nosso trabalho como um todo. Trabalho o tempo todo com a questão da energia dentro e fora da sala de aula.

Outra lição que procuro aprender de Millan é o exercício da paciência, e certamente os colegas professores sabem bem do que estou falando. Lembremo-nos de tratar todos com o devido respeito, sem ficar pensando que não podemos aprender nada com os nossos companheiros de mundo. É confortante ler o que Millan tem a dizer sobre pessoas e animais no que se refere à importância de se ter paciência para conseguirmos progresso na educação:

> O homem é o único animal que parece não entender a paciência. Os lobos esperam pela presa. Os crocodilos esperam. Os tigres esperam. Mas hoje em dia as pessoas estão acostumadas com *drive-thrus*, sedex e internet de banda larga. Não é possível apressar a reabilitação de um cão que é agressivo por medo. [...] Quando os lobos e outros animais ferozes caçam, eles são muito organizados. São calmos. Não ficam obcecados pelo que estão caçando. Concentrados, sim; obcecados, não. Um é um estado natural. O outro, não. (Millan; Peltier, 2006, p. 155-162)

Quando leio essas sábias palavras de Millan, fico envergonhado pelas vezes em que não tive paciência em sala de aula. Se Millan está certo no que se refere à paciência com os animais, o que devemos pensar da educação de pessoas? Muito mais paciência devemos ter com estes seres complexos que são os seres humanos. Será que essas autocríticas servem somente para mim ou o caro leitor já se deparou com situações em que perdeu a paciência, elevou a voz, fez uma crítica aguda e descambou para a agressividade, quando a situação requeria simplesmente paciência?

Sem embargo, outras influências serão percebidas pelo leitor no livro, como o método de música de Wynton Marsalis que adaptei para o estudo e o trabalho de maneira geral. Esse método pode ser muito funcional para os mestres que pretendem conhecer um sistema coerente que possa organizar os estudos e o trabalho de maneira a obter-se o máximo de resultados em sala de aula e nas provas acadêmicas muito usuais na carreira docente.

Uma das aulas que mais me agrada ter ministrado é aquela em que estimulo os alunos a explorarem os cinco sentidos no desvendar do conhecimento, descrita na "Vigésima quarta aula". É claro que experiências criativas em que se utilizam objetos ou que são feitas fora da sala de aula, comentadas no capítulo, pressupõem o maior cuidado ético e de respeito para com os estudantes, além de precauções relativas à segurança e à legalidade. Na referida aula, a matéria era investigação policial e armas de fogo. Obviamente que todas as regras de segurança foram adotadas para a preservação da saúde. Sem ética, respeito, segurança e legalidade, não se pode falar em magistério.

Na "Vigésima sétima aula", intitulada "Como se faz uma tese", é evidente a influência de Umberto Eco, cuja obra é homenageada no título dessa aula. Ao tratar desse tema, visei atender aos mestres que pretendem buscar informações sobre trabalhos acadêmicos. Utilizei minha experiência como escritor de textos desse gênero e participante de bancas de mestrado e doutorado, além da referida fundamentação teórica em Eco.

Outra parte das ideias pedagógicas aqui desenvolvidas é baseada na minha tese sobre os estigmas. Na "Segunda aula", procurei enfatizar o quanto os estigmas podem perturbar a visão dos adultos quando estes estigmatizam os alunos. Estigmatizando-se o aprendiz não se consegue vê-lo ou ouvi-lo, bem como compreender seus sentimentos e temas que poderiam despertar seu interesse para o conhecimento e a evolução. Ainda nessa ocasião, aproveitei a oportunidade para tratar do preocupante tema do *bullying*.

Influências filosóficas que recebi podem ser percebidas na abordagem dos diferentes temas presentes no livro, desde William James até Buda, de Epicuro a Enrique Dussel. Não me preocupei com a simetria da filosofia ou com a sistematização ou organização absoluta dos temas. Busquei, sim, privilegiar a utilidade dos temas para o leitor que pretende iniciar no magistério ou simplesmente aperfeiçoar as aulas que já ministra. Nada de mais nisso. Todos nós progredimos quando nos sentamos entre professores e alunos e debatemos formas de melhorar o ensino. Desenvolvi este livro como se fosse um diálogo entre professores e alunos.

Alguns capítulos são simplesmente intuitivos e visam mostrar como o universo da criação está disponível aos mestres para que pintem a aula com as cores e as formas que sua imaginação indicar. Assim, na "Vigésima terceira aula", trabalho a ideia da função do magistério como provocação para a reflexão e da sala de aula como espaço aberto para o mundo, isto é, sem ser vista como o único espaço de aquisição de conhecimento. Destaco também a importância do aluno na construção do conhecimento conjunto. Outros capítulos reproduzem aulas que podem servir como sugestão para uma formulação similar, tendo em vista que a receptividade dos alunos foi muito expressiva quando as ministrei.

Por outro lado, a estrutura dos capítulos, alternados entre aula assistida e aula ministrada, foi completamente intencional. Se o professor conseguir desenvolver ou aprimorar seu potencial de alteridade, somente por isso o livro já terá valido. Isso é requisito indispensável. Tanto os alunos têm de ver o mestre quanto o mestre tem de ver os alunos. Ver o outro é um tema que foi desenvolvido por Sócrates, Jesus Cristo e John Rawls, entre outros. Vamos simplificar aqui: Se você fosse aluno, como gostaria de ser tratado? De que maneira gostaria de ter a matéria exposta? Como gostaria que o mestre lidasse com suas diferenças? Do outro lado, o do aluno, se você fosse professor, como gostaria de ser tratado pelos seus alunos?

Sobre a alteridade na relação entre professor e aluno, a alternância entre os capítulos constituem mais um exercício do que uma tentativa de explicação teórica. Aliás, este é um livro de exercícios: de oratória, de métodos didáticos, de abordagens práticas, de alteridade, de práticas de direitos humanos, de reflexão, de criação, de fantasia, de alma.

Mas, além de proporrmos exercícios, além de tratarmos de pragmatismo e oratória eficiente, o que esperamos com este livro é que conversemos sobre nossos bastidores, sobre como nossa alma está em permanente conflito em face de nossa missão heroica de sermos professores. Estou nessa também, tanto quanto o colega, de corpo e alma.

Querido colega professor, desejo-lhe o maior sucesso do mundo!

Carlos Roberto Bacila

Referências

BACILA, C. R. **A vida de Dale Carnegie e sua filosofia de sucesso**. Curitiba: Belton, 2012.

DURANT, W. **A história da filosofia**. Tradução de Luiz Carlos do Nascimento Silva. Rio de Janeiro: Record, 1996.

JAMES, W. Sétima conferência: pragmatismo e humanismo. In: _____. **Pragmatismo**. Cartas, conferências e outros escritos. Tradução de Jorge Caetano da Silva. São Paulo: Nova Cultural, 1989. p. 130-144. (Coleção Os Pensadores).

MARCONDES, D. **A pragmática na filosofia contemporânea**. Rio de Janeiro: Zahar, 2005.

MILLAN, C.; PELTIER, M. J. **O encantador de cães**: compreenda o melhor amigo do homem. 20. ed. Tradução de Carolina Caíres Coelho. Campinas: Verus, 2006.

ROBERTS, M. **O homem que ouve cavalos**. 15. ed. Tradução de Fausto Wolff. Rio de Janeiro: Bertrand Brasil, 2011.

Anexo
Sobre os bastidores

O livro que se apresenta ao leitor, *Nos bastidores da sala de aula*, do Dr. Carlos Roberto Bacila, é um manual básico do educador, um repositório didático de algumas das muitas das vivências do autor, ora na qualidade de aluno, ora na qualidade de grande mestre, que permite ao leitor, seja professor, seja aluno, seja teórico da educação, encontrar a força transformativa da relação ensino-aprendizagem não somente para os atores diretos deste ensaio do conhecimento nas instituições formais, tais como escolas e universidades, mas na aplicação diária em sua vida, propagando o conhecimento, mudando comportamentos e vivendo ricas experiências pessoais que promovem o ser do ser humano, habilitando-o para vencer todos os desafios da vida, contribuindo para se tornar um cidadão melhor em uma sociedade cada vez mais solidária.

Inspirando-se nas ricas lições de Dale Carnegie, Bacila pretende evidenciar a necessidade da experiência como fator fundamental na realização do processo ensino-aprendizagem, adotando uma metodologia do "aprender-fazendo" e dominando os conteúdos pela técnica organizada e sistemática que deve disciplinar a forma como o estudante ou o professor deve se comportar ao longo da experiência educativa. A grande escola é o mundo, a sala de aula, o microcosmo onde o aprendiz age, interage, reage a todo estímulo e contraestímulo do processo, é o laboratório onde ele, como professor ou como aluno, pragmaticamente, vive a experiência do seu cotidiano, sendo marcante o papel da sua independência criativa nessa empreitada.

A obra prima pelo saudável paroxismo do experimento, ou seja, a abundância dos exemplos pessoais do autor que introduzem os ensinamentos distribuídos entre nós em profusão, lembrando muito a teoria literária norte-americana do típico livro autobiográfico, que valoriza sempre a experiência pessoal como instrumento transformador da sua vida, na qualidade de educando ou educador.

É nessa linha de raciocínio que o Professor Bacila, reconhecendo a força da experiência, enfatiza, com sua peculiar sensibilidade, que, "quando o professor percebe que não precisa e não pode dizer todas as verdades do mundo, também se liberta das amarras, transforma a sala de aula num refúgio sagrado do aprendizado e assume seu lugar maior como um grande provocador de reflexão", para concluir que "a excelência do magistério é permeável a imponderabilidades flutuantes", conforme destaca na apresentação da sua obra.

William James, expoente da segunda grande geração de filósofos norte-americanos, após a onda romântica capitaneada por Henry David Thoreau e Ralph Waldo Emerson, na primeira metade do século XIX, secundando e defendendo as ideias inovadoras do seu amigo Charles Sanders Peirce – que influenciou decisivamente o espírito americano contemporâneo, com a abordagem do pragmatismo, dando o exemplo do homem com fome, perdido na floresta, cuja salvação estaria associada à confiança que devemos ter em nossas crenças, como modo de guiar nossas ações –, afirmava que o homem tem o "direito de acreditar", seguindo o seguinte lema-força: "**Aja como se o que você faz fizesse a diferença**". E acrescentou a seguinte conclusão: "**Faz diferença!**".

A obra de Carlos Roberto Bacila, que é um dos nossos grandes mestres, professor de Direito Penal nas Faculdades Unificadas de Foz do Iguaçu (Unifoz), é a expressão dessa máxima. Todos que dedicarem seu tempo à leitura deste livro certamente terão a mesma felicidade que tivemos ao reconhecer esta marca de qualidade do grande escritor e professor que se esconde, modestamente, atrás desta grande obra! Para nós, à guisa de conclusão, agradecendo ao imenso privilégio e honra de dedicar estas poucas e singelas palavras a este excelente manual de educação, entendemos, como todos os demais leitores, professores e alunos, também compreenderão, que a leitura da obra "fará a diferença" na seara da teoria e da prática da educação!

Silvia Helena Aires Araújo Marchioratto
Diretora-Geral da Unifoz

Luiz Francisco Barletta Marchioratto
Promotor de justiça e professor de Direito na Unifoz

Sobre o autor

Carlos Roberto Bacila leciona há mais de 20 anos em cursos preparatórios para concursos, cursos de extensão, graduação e pós-graduação. É bacharel, especialista, mestre e doutor em Direito pela Universidade Federal do Paraná (UFPR), instituição na qual foi aprovado em primeiro lugar em dois concursos para professor, cargo que exerce até hoje.

Foi advogado, procurador de fundação pública federal, delegado de Polícia Civil e atualmente ocupa o cargo de delegado na Polícia Federal.

Lecionou nas seguintes instituições: Universidade Federal da Integração Latino-Americana (Unila); Universidade do Estado do Pará (Uepa); Ministério Público do Distrito Federal; Polícia Legislativa da Câmara Federal; Atame; Fundação Escola do Ministério Público do Estado do Paraná (Fempar); Academia Nacional de Polícia (ANP); Pontifícia Universidade Católica do Paraná (PUCPR); Centro Universitário Curitiba (Unicuritiba); Centro Universitário Uninter; Universidade Tuiuti do Paraná (UTP); Universidade Paranaense (Unipar); Uniandrade; Faculdades Unificadas de Foz do Iguaçu (Unifoz). Entre as várias disciplinas lecionadas estão: Introdução à Ciência do Direito; História do Direito; Criminologia; Direito Penal; Metodologia do Ensino; Métodos de Estudo e Trabalho; Polícia Científica e Direitos Humanos.

É autor dos seguintes livros: *A vida de Dale Carnegie e sua filosofia de sucesso* (2012), *Estigmas: um estudo sobre os preconceitos* (2008), *Síntese de direito penal* (2001), *Teoria da imputação objetiva no direito penal* (2011), *Comentários penais e processuais penais à Lei de Drogas* (2008, em coautoria com o Dr. Paulo Rangel) e *Polícia × Direitos humanos* (2001).

Impressão: Gráfica Mona
Maio/2014